向上管理的艺术（升级版）

如何正确汇报工作

蒋巍巍◎著

人民邮电出版社

北 京

图书在版编目（CIP）数据

向上管理的艺术：升级版：如何正确汇报工作 / 蒋巍巍著. -- 2版. -- 北京：人民邮电出版社，2020.1
ISBN 978-7-115-52287-0

Ⅰ．①向… Ⅱ．①蒋… Ⅲ．①工作方法—通俗读物 Ⅳ．①B026-49

中国版本图书馆CIP数据核字(2019)第224955号

内 容 提 要

本书通过"4个步骤、4个问题、7个秘诀和8个难题"，全面解析职场中的上下级关系以及如何建立和谐的上下级关系，手把手教你如何正确地汇报工作。这是一本有关"工作汇报"的实用手册，同时也是一本解读"如何与上司相处"的行为指南，能帮助读者学会正确汇报工作，完成从"透明人"到"不可替代者"的过渡，成为上司信任和依赖的对象，掌握在职场中发展与晋升的秘诀。本书适合对沟通技巧感兴趣的职场人士阅读。

♦ 著　　　　　蒋巍巍
　　责任编辑　单元花
　　责任印制　彭志环

♦ 人民邮电出版社出版发行　　北京市丰台区成寿寺路 11 号
　　邮编　100164　电子邮件　315@ptpress.com.cn
　　网址　https://www.ptpress.com.cn
　　涿州市般润文化传播有限公司印刷

♦ 开本：880×1230　1/32
　　印张：9.625　　　　　　　2020 年 1 月第 2 版
　　字数：205 千字　　　　　2025 年 10 月河北第 34 次印刷

定价：59.00 元

读者服务热线：(010)53913866　印装质量热线：(010)81055316
反盗版热线：(010)81055315

高情商的"向上管理"

无论你是刚进入职场的新人，还是久经职场江湖的职业经理人，要想在工作中如鱼得水，就需要"向上管理"，因为在任何公司或组织中，可以允许大多数人没有下属，却很难允许少数人没有上司。

如果你是别人的上司，请千万不要误会"向上管理"。我写此书的目的，是告诉下属如何用上司较为满意和喜欢的方式做一个出色的下属。因为下属一旦掌握了向上管理的基本要领之后，会让上司的工作越来越顺利，并且会让上司从优秀到卓越！

如果你是别人的下属，你更要阅读此书，因为书中不但有科学辅助上司、影响上司和管理上司的秘密，还有体现自身价值的方法和相互成就、实现共赢的法宝。

在任何组织中，但凡有成就的人、出众的人，几乎都是"向上管理"的高手，原因很简单，因为有成就的人、比较出众的人，一定是既能得到上司或组织重用又能够左右逢源的人。同时，他们还掌握了一些向上管理的要领。

在读这本书之前至少有 3 个问题可以提前思考，如果你愿意，当然可以尝试着回答。

第一，能力重要还是机会重要？

显然对能力弱的人来讲，提升能力很重要；对能力强的人来讲，会更渴望平台，渴求机会。例如，在好莱坞会演戏的人很多，但是谁给你提供演戏的机会更重要。对能力弱的人来讲，是从书本中获取能力呢，还是从机会中获取能力呢？我想，本书会让你在获取知识的同时，又潜移默化地提升了你的能力，让你有更多的升迁、加薪的机会，可以说一举多得。因为在新经济时代，发展速度之快，变化如此之大，人才又如此之多，有能力的人比比皆是，但是有机会的人少之又少，而那个愿意给你机会的人，一定在某个组织中，也许还担任着某种职务……

第二，向上管理重要还是向下管理重要？

方向不对，努力白费。在任何公司或企业中，如果你不能准确领会上司的意图，很有可能"事倍功半"。你的向下管理越成功，你就越危险。道理很简单，你会让你的上司感到不安全，你浑然不知地违背了职场中的"安全法则"……不知不觉地把自己封存起来。向下管理很重要，但决定让不让你继续向下管理的一定是你的上司或组织。让上司有安全感是一种"投圈行为"，让上司有成就感则是"择圈行为"。

第三，情商重要还是智商重要？

一个人的成功，20% 靠智商，80% 靠情商，而事实上，真正成功的人，是智商和情商结合的典范。很多职场人赢在了"勤奋"，却忽略了"能见度"；有些职场人赢在了"干"却输给了"说"；还有些人赢在了"结果"却输给了"成果"；有些人"百尺竿头"，却又忽略了"察言观色"；有些人什么苦都能吃，什么活都能干，但还是输在了把对上司的不满写在脸上……一个人要想在职场中有很好的发展，适应上司和融入组织大于一切，小胜靠智，大胜靠德，常胜靠和。

《向上管理》一书于 2015 年出版后，受到很多读者的认可，加印版次高达 20 多次。2018 年，应广大读者的要求，做了修订，更名为《向上管理的艺术》。出版后半年时间，此书一度登上当当网同类书畅销排行榜的前五名，各个书店销售一空。为了让更多的读者受益，在职场的道路上少走弯路，我又将此书做了精准升级，将适用范围扩大的同时，还参考了众多热心读者的建议，给予认真的修改，添加了许多实用性极强的内容。相信这一版的《向上管理的艺术》会更加与时俱进！

如果你是新进职场的"菜鸟"，不知道如何与上司相处，你可以阅读此书！

如果你工作多年仍然得不到升迁，在工作中能力欠缺，你可以阅读此书！

如果你工作能力强，却得不到上司的信任，你可以阅读此书！

如果你不知道职场机会在哪里，在工作中找不到奋斗的方向，你可以阅读此书！

如果你分辨不出工作中哪些是机会，哪些是陷阱，你可以阅读此书！

如果你不知道如何处理上下级关系，何时该进、何时该退，同样你可以阅读此书！

　　相信各位读者一定会开卷受益，从中获得无限启迪，让你在最短的时间内获取开启成功的金钥匙，在职场上永立不败之地，缔造出属于自己的精彩人生篇章！

2019 年 4 月 2 日

蒋子正于上海金山嘴渔村

CONTENTS

目录

PART 01 职场好运：从构建和谐的上下级关系开始

步骤 1 向上管理的基础：即使你不喜欢上司，也要让上司喜欢你 /2

- 正确认识上司：上司是组织选的，配合上司是你的天职 /2
- 建立和谐的上下级关系：考虑上司的处境，关键时刻雪中送炭 /6
- 轻松拉近与上司的关系：主动适应上司，改变自己 /8
- 上司喜欢你的理由：分析上司的DISC人格特型 /12
- "收服"上司有妙招：认识上司的5种角色 /26
- "管理"上司的策略：了解上司对你的真正期望 /31

步骤 2　与上司的共赢之道：运用六大原则工作，就是成功　/37

- 敬业原则：敬业既是一种态度，更是一种行动　/37
- 服从原则：掌握服从的分寸，收获上司的信任　/42
- 请示原则：谨记请示三原则，上司"宠"你没商量　/45
- 互赖原则：互赖有度，完美诠释能力、资源互补　/48
- 功劳原则：你把荣誉给上司，上司回馈你好机遇　/52
- 担当原则：你在工作中有担当，上司才会委以重任　/55
- 与上司共赢之道：经营好你的"VIP大客户"　/60

步骤 3　做上司眼中的优秀员工：工作"五位法"让你做更好的自己　/65

- 定位：找好工作目标，做最擅长的事情　/65
- 到位：有针对性地工作，超出上司的预期　/69
- 补位：哪里需要你，你就到哪里　/72
- 站位：你站在哪儿，就站好那班岗　/74
- 换位：运用"上司思维"，跟上司达成高度共识　/78
- 优秀员工的特质：在上司面前体现你独当一面的价值　/81

步骤 4　用实力"征服"上司：成为上司得力助手的5个关键　/83

- "恭"无不克：用汇报工作的方式尊重上司　/83
- "能"者多劳：永远比别人"多"一点　/93
- "术"有专攻：用专业引导上司　/96

- ●○ "忠"贞不贰：用忠诚成就上司　/99
- ●○ "沟"通第一：用沟通认识上司　/105
- ●○ 永远让上司"放心"：在工作中坚守原则和底线　/111

PART 02　升职加薪：正确汇报工作要注意的问题

? 问题1　什么是正确的汇报工作　/114

- ●○ 建立机制：形成有效的工作汇报机制　/114
- ●○ 厘清思路：9个步骤厘清汇报思路　/121
- ●○ 突出重点：分清轻重缓急再汇报　/126
- ●○ 简明扼要：学会用3句话总结你要说的内容　/129
- ●○ 数据说话：数据比简单陈述概况更有说服力　/135
- ●○ 洗耳恭听：倾听是技术也是艺术　/137
- ●○ 复述要点："检查""补漏""应变"和"营造良好的氛围"　/143
- ●○ 准备工作的作用：把每次汇报当成展示自己的机会　/147

? 问题2　上司希望你如何汇报工作　/152

- ●○ 主动汇报：不要等上司问了你才说　/152
- ●○ 准备充分：准备充分的材料和备选方案　/157
- ●○ 效率第一：用最短的时间说出重点内容　/160
- ●○ 结论先行：先说出结论，再阐述内容　/162
- ●○ 中途汇报：让上司随时掌握你的动态　/166

●○　汇报后续：已经做好的事情也需要汇报后续进程　/169

●○　把握轻重：坏消息要早点儿说　/171

●○　掌握分寸：上司希望你不要擅自决策　/175

●○　不要越权：如何与上司的上司说话　/178

●○　上司理想中的汇报方式：带着方案来而不是带着问题来　/183

(?)　问题3　如何在汇报工作中架起与上司有效沟通的
　　　　　桥梁　/187

●○　有效沟通：掌握完整沟通包含的3个内容　/187

●○　高效沟通：注意积极反馈的5个关键点　/191

●○　良好沟通：需要5个支点来支撑　/195

●○　提高沟通效率：汇报工作要把握的3个原则　/200

●○　工作总结：高效写工作总结的3个关键词　/205

●○　汇报工作中沟通的作用：促进了解上司的契机　/211

(?)　问题4　如何通过汇报工作实现真正的"向上
　　　　　管理"　/214

●○　第一步，改变观点：管理不只是"自上而下"　/214

●○　第二步，主导沟通：向上管理就是和上司"最完美的
　　　沟通"　/219

●○　第三步，主动出牌：不要总等着你的上司先出牌　/223

●○　第四步，获取认同：让上司认同你设想的影响力法则　/228

●○　第五步，协助提升：上司和你共同提升是向上管理的最高
　　　境界　/232

●○　彼此受惠：你让上司卓有成效，他也会回报你成效　/235

PART 03　情商决定能力：职场精英汇报工作的秘诀

●○　**秘诀1**　汇报工作要行动在上司前面　/240

●○　**秘诀2**　汇报工作时要选好时机和场合　/243

●○　**秘诀3**　汇报工作前要了解上司的性格　/247

●○　**秘诀4**　汇报工作要适应上司的工作风格　/250

●○　**秘诀5**　汇报工作内容要重结果、少过程　/253

●○　**秘诀6**　向上司汇报工作的频率取决于企业文化　/256

●○　**秘诀7**　向上司汇报工作时，尽量提出解决问题的
建议　/260

PART 04　8个典型汇报工作难题解答

●○　**难题1**　如何向上司提反对意见　/264

●○　**难题2**　如何拒绝上司不合理的要求　/268

●○　**难题3**　如何在汇报工作时适度地显示自己的功劳　/272

●○　**难题4**　如何向能力弱的上司汇报工作　/275

●○　**难题5**　如何在上司"出丑"时汇报工作　/279

●○　**难题6**　如何向爱打小报告的上司汇报工作　/281

●○　**难题7**　如何向情绪失控的上司汇报工作　/285

●○　**难题8**　如何在汇报工作时纠正上司的错误想法　/288

职场好运：从构建和谐的
上下级关系开始

在职场中，你想成为管理者还是被管理者？你想被别人分配资源还是自己分配资源？

管理活动需要资源，但是分配资源的权力始终掌握在上司手中。你若想获得更多的自由资源，你需要和上司建立和谐融洽的上下级关系。只有这样，你才能在上司的支持和配合下顺利地开展工作。

那么，如何与上司轻松愉悦地相处？如何汇报工作能够让上司爱听？如何努力工作争做优秀员工？如何在工作中与上司进行有效沟通？本章为你详细地介绍。只要你掌握了其中的要领，你的职场好运就会早早降临！

步骤 1

向上管理的基础：即使你不喜欢上司，也要让上司喜欢你

正确认识上司：上司是组织选的，配合上司是你的天职

在职场中工作，你与上司的关系，在很大程度上决定着你职业生涯的高度。

那些入职不久就得到升职加薪的人，除了具有较强的工作能力外，更重要的是能够在工作中和上司愉快地相处。

那些职场生涯不顺、容易被孤立和冷落的人，不是工作能力差，也不是上司偏心，而是他们没有正确地认识到上司和自己的关系：他们不喜欢上司或看上司不顺眼时，就会跟上司对着干，或把情绪发泄到工作中，消极怠工；碰到脾气暴躁的人，他们会因为一些小事屡次与上司发生冲突，当矛盾激化到不可调和的时候，也就是你离职或被辞退的日子。

〜〜〜〜〜〜〜〜〜 情境 〜〜〜〜〜〜〜〜〜

销售员小张进入一家企业后，发现自己和上司王经理有很多不合拍的地方。王经理比较重视流程，而小张认为业绩重要、流程不重要，因此很多流程是事后补办的，小张认为自己这么做没问题，但是王经理屡次批评他。日子久了，双方的摩擦越

来越多。一天小张终于和王经理吵起来了，并闹到了总经理那里。这次小张认为自己十分有理，但意外地收到了一纸解聘书。

小张十分不解，就算自己的业务流程有一些小错误，也不至于把自己辞退，况且自己的业务水平那么好。他办理离职手续的时候，人事部经理语重心长地对他说："你错在不该和你的上司吵架，这说明你摆不正自己的位置。上司是组织选的，不是你选的。"

情境解析

上例中小张之所以被公司解聘，就是因为他没有正确认识上下级的关系：上司再不好，也是组织选的，你否定上司，就等于否定组织。聪明的员工的做法是，不喜欢自己的上司没关系，但是必须积极配合上司的工作，这是一个员工的天职。配合上司就是在配合组织。

上司不是为了让你喜欢而存在的。很多人即使不喜欢上司，仍然非常尊重他们，因为他们知道自己尊重的不是上司本人，而是组织对上司的授权，是管理体系对上司的授权。

尊重自己的上司，是具有职业素养的体现。

很多年轻人进入职场后，常常摆不正自己的位置。从他们的角度看自己的上司，总觉得上司有很多缺点和缺陷。

抱着这样的态度工作，难免吃大亏。要想让职场之路更加顺畅，首先要充分认识你的上司。在进一步了解上司之前，要明确一点：上司不是你选的，而是组织选的，你并没有选择权。有的员工想不明白这一点，总喜欢和上司较劲，和上司较劲，就是和组织较劲。

上司是受到组织信任的人，所以你的正确选择就是服从、支持上司。组织内成员以服从上级的命令为天职。

你要了解上司的能力、性格和职业态度。如果上司的能力很强，那你就跟着他干；如果上司的能力很弱，那你就当"枪手"，如图 1-1 所示。

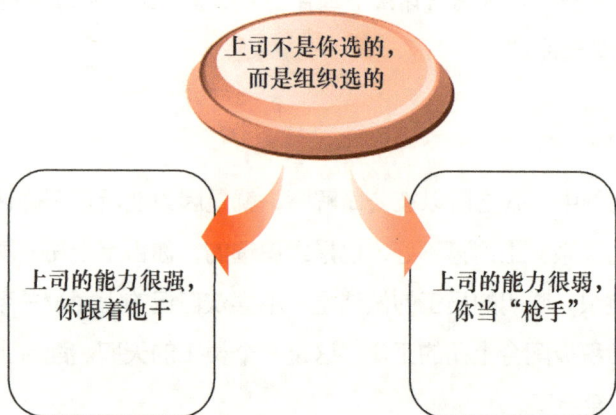

图 1-1   上司不是你选的，而是组织选的

上司的能力强，你就跟着他干

遇到一个有能力的上司无疑是职场幸事，上司强大，那么你已占到了先机。一个强大的上司有着出色的业务能力和优秀的交际能力。跟着厉害的上司，你最好的选择就是跟着上司干。在这个过程中你会从上司身上学到很多，这些都是你日后独当一面的资本。

上司的能力弱，你就当"枪手"

如果上司的能力弱，你就需要当"枪手"。什么是"枪手"？

就是落实上司工作的强力执行者。上司有工作想法，你全力落实，达成目标。上司做不到的，你想方设法做到；上司不会的，你努力学会。这就是"枪手"。

给上司当"枪手"的过程，是和他优势互补的过程，你给上司做"枪手"，上司会更依赖你，同时他身上的资源和权力，也会向你倾斜。

主动和上司的性格互补

你的上司也是普通人，是普通人就会有缺陷，就会有疏漏的地方。你应该注意上司的短处，然后尽量互补。

什么是互补？**他做不到的地方，你要做到，他的性格缺陷，你要来弥补。他的短处用你的长处来弥补。**

如果你的上司是支配型的，喜欢每件事都掌握在自己手中，那为了弥补你上司的不足，你只能改变自己，变成和蔼型、服务型的下属。

如果你的上司是表达型的，那么即使你平时很爱说话，你们在一起工作的时候，你也要变成倾听型的下属。

如果你的上司是决断型的，这种人充满勇气和干劲，工作效率是一流的，只是有时难免大而化之，不够谨慎，那么你要做的就是把他大而化之的地方做仔细，以免出现疏漏。上司善于进攻，你就要专注于防守。他注意不到的地方，你来注意。

还有些上司的性格过于谨慎，因而缺乏决断力，这时候就需要你推他一把。如果上司善于防守，那么有时候你就需要替他进攻。

做到与上司互补，你和上司才能呈现"1＋1＞2"的效果。

在职场中，无论你的上司性格有什么缺陷，你都要尽量适应他，和他呈现互补状态。

如果你和上司的性格不互补，就请你"牺牲"自己，尽量改变自己的性格，力争和上司的性格实现互补。

如果你不"牺牲"自己，那么"牺牲"的就是你的组织。

建立和谐的上下级关系：考虑上司的处境，关键时刻雪中送炭

当你选择到一个公司就职时，这个公司等于给你提供了一个发展的平台。而上司的出现，则是给你提携机会的贵人。从这个角度来看，你对上司要抱有感恩之情，尽全力维护好跟上司的关系。

要想建立和谐的上下级关系，就要在大力配合上司工作的同时，多考虑上司的处境，因为上司和你一样，需要通过有成效的工作能力获取他的上司的信任，所以，上司做的每个决策都是经过深思熟虑的，你要做的就是在关键时刻雪中送炭，协助上司圆满完成工作。

情境

某公司新入职了一位业务总监，据说他是非常有能力的人，业务员小赵对能够跟随这样一位有能力的上司感到高兴。

一次，小赵陪同自己的上司到客户公司谈项目合作，该公司有一个项目很有吸引力，但是一直找不到合适的人来做。

小赵发现那个项目刚好和自己公司的业务对口，于是就自告奋勇地说："我们公司做这个正合适。"但是，上司马上阻止

说："小赵不了解情况，其实我们公司做不了这个。"

回去的路上，上司很不高兴，但是小赵不知道为什么。直到后来其他人指点迷津，小赵才恍然大悟。原来，上司刚刚来到这家公司，对公司的业务情况还处在学习、熟悉的阶段，这个项目的风险不小，上司若一开始就接手这么棘手的项目，对顺利完成项目心中无底。上司需要确保最初的项目都能成功实现，以累积高层对他的信任，而不是一开始就承担有这么大风险的项目。

情境解析

对上司的处境的了解是你和上司和谐相处的重要前提。你和上司沟通时，要考虑上司的处境；和客户沟通时，要考虑客户的处境。

很多时候，你感觉自己很有道理，但是得不到上司的认可，往往是因为你缺乏对上司处境的了解。道理并不重要，效果才重要。

考虑上司的处境，对你来说是非常重要的。案例中的小赵错了吗？从他的角度来说，他没错，因为客户需要这个资源，而他们正好有这个资源；但是从上司的角度来说小赵错了，因为他没有考虑上司的处境。

上司和下属其实是命运共同体。小赵错就错在没有考虑上司的处境就擅自行事。一般情况下，刚刚上任的领导都不愿意冒风险，他需要掌握和考量的事情比那些已经熟悉业务的领导者要多得多。新领导第一要考量的肯定是在维持稳定的基础上掌握公司的情况，逐渐步入正轨。

了解上司的难题

如果你的上司正在为提升业绩的事情发愁，你却天天拿后勤上的事情烦他，那么即使你很有道理，他也不会喜欢你。但是，如果你能够站在他的角度思考并解决他的难题，把精力放在提升业绩上，即使你的建议和方案不成熟，他也会觉得你是个可造之才。

如果你的上司正在和其他部门的业务经理竞争，那么你要做的就是帮助他达成目标。

当上司遇到难题时，你不要再给他添麻烦，做事、汇报都要简洁明快，尽量让他省心。这样你的上司会为了你的高效率而赞赏你。

帮助上司解决难题

上司的难题就是你的难题，上司的处境也是你的处境。如果你的上司一天到晚焦头烂额，你的日子也绝对不会好过。聪明的下属会主动把上司的难题当成自己的难题去解决。

轻松拉近与上司的关系：主动适应上司，改变自己

经常有学员在微信上给我诉苦，说上司脾气如何如何不好，让自己没办法忍受，问我除了离职或跳槽外，有没有更好的办法与上司搞好关系。

我统一回复他们："有。就是要主动适应上司，前提是改变自己。"

常言说，江山易改，本性难移。一个人的性格是很难改变的。别说是你的上司，就是你的父母、爱人、孩子，也都各有

各的性格，你要想和他们拉近关系，就必须改变自己的性格。

你只有改变了自己，才能够做到在什么山唱什么歌，讲的就是这个道理。很多时候，虽然改变别人很难，改变自己也很难，但是两者比较起来，改变别人几乎不可能，改变自己才有希望。

情境

一位学员在课上分享过一个事例。他是一个性格非常强势的人，但很不幸，他的上司性格也非常强势。两个人在一起，经常起纷争，相处得很不愉快。

一次，他负责一个项目，在确定标准时，上司坚持使用旧标准。在部门会议上，上司宣布使用旧标准，这个学员忽然激动起来，说："我计算过了，新标准更适合这个案子！"

上司的脸色有点儿不好看，说："这件事我们已经讨论过了，结论是继续沿用旧标准。如果你想不明白，会议结束之后单独来找我。"

我的学员说："为什么？因为你是上司？我处理过好几个类似的案例，在这件事上我比你更专业！"

两个人吵了起来，最后上司气得拂袖而去。

我的学员非常委屈，但也没有办法，只得使用旧的算法和标准。几个月后，这个项目完成后，他忽然发现，上司的做法才是正确的。

情境解析

在职场中，你应该适应上司，而不是上司适应你。上司没有理由也没有义务来适应你。如果你想和上司和睦相处，就必须改变自己，去适应上司。

那么，你该如何适应自己的上司？

关键 1 ▶ 适应上司的沟通方式

你的上司喜欢什么样的沟通方式和渠道？倾向于什么样的沟通频率？你的上司喜欢书面沟通还是当面沟通？喜欢在什么时间和你沟通？ 作为下属，你要尽量适应上司的沟通方式和偏好。

适应上司的沟通方式，是下属的职责。适应上司的沟通方式远比你想象的重要。

每个人的沟通习惯都不相同，不同的人有不同的获取信息的方式。当进行从下而上的管理时，你必须了解上司喜欢的接受信息的方式，这会让你提出的意见更容易被理解。当他理解了之后就很容易认同你的意见，从而接受你的意见。

有人喜欢用文字方式沟通，如通过书面报告、电子邮件或者即时聊天工具等方式；而有些人喜欢面对面的沟通，如在会议上或者在办公室进行一对一的讨论。尽快掌握上司喜欢的沟通方式对我们的工作有很大的帮助。如果你不断地用他不喜欢的方式沟通，那你的提议不被采纳也就很容易理解了。

心理学对这方面是有相关论证的。每个人的性格和生活环境都不相同，所以接受周围信息的方式会各有偏好。有人偏向依靠视觉获取信息，有人偏向依靠听觉获取信息，有人偏向依靠触觉获取信息，这样就会造成同样的信息不同的人接受的程度各不相同。如果你没有用对方法，你的上司就可能无法理解你要表达的意思。

以我本人为例，我个人更喜欢看而不是听，所以和其他人沟通时我尽量不用电话。当用电话讨论问题时我很容易走神，并且理解能力会变差。对于那些通过电话向我汇报工作的人，虽然我尽量让自己做到公正，但是由于使用电话会让我的心情变得糟糕，多少会影响到我对电话中所说事情的最终判断。可能这有些不公平，但是普通人在日常生活中是很难避免这种误差的。

连我这样一个自认为足够理性的人都会出现此类问题，那么对一些容易受到情绪变化影响的人来说，其对事情的判断产生的误差就更大。所以，在你汇报工作或者讨论问题之前，首先要考虑采用何种沟通方式。最好的方式就是了解上司的性格，知道他们的喜好，让他们在愉快的心情下轻松地接收并接受我们想表达的信息。

关键 2 ▶ 适应上司的工作风格

每个企业领导者的工作风格不尽相同，要注意了解上司的想法、行事风格以及这种工作风格的优点和缺点。如果你的上司的工作风格是雷厉风行式的，你就要尽量适应他的节奏；如果你的上司节奏慢而严谨，你就不要总是向前冲。

关键 3 ▶ 不要低估你的上司

低估上司是很多人常犯的错误。因为很多上司的长处和优势表现在你看不到的地方，工作中的许多特殊情况也处于你考虑不到的地方。你看不到、考虑不到，不代表不存在。

你低估你的上司，说明你对自己的上司了解得还不够多。

有时候，上司表面上出现的疏漏正是锻炼你的机会。低估你的上司并不能给你带来任何好处，反而会在你的工作中埋下定时炸弹。

关键 4 ▶ 永远不要让你的上司感到意外

不要让你的上司感到意外，除非你带给他的是意外的惊喜。上司往往喜欢把工作中的所有状况掌握在手中。做到这一点，需要你在工作中时刻保持谨慎，防患于未然。**当工作的事态显示出不好的趋势时，你首先要汇报给自己的上司，让他知道。千万不要把事情压着，压着往往会使事情变得更糟。**当上司被动地知道这件事时，你一定会后悔自己为什么没有早点儿说。不要等事情无法控制和隐瞒时再上报。

总之，在职场中，无论上司的态度怎样，你都要端正自己的态度。

上司不可能是完美的，他工作久了也有消极怠工的情况，这时候你千万不能和他一样。无论他的工作态度如何，你都要端正自己的工作态度。

如果你的上司个性比较强，你就要示弱一点。

即使你的上司职业态度不端正、总想着跳槽，你也要端正自己的态度。上司积极，你也要积极；上司倦怠，你却不能倦怠。

每个人在自己的职业生涯中，都会有职业倦怠期，你所能做的只有把持住自己。

上司喜欢你的理由：分析上司的DISC人格特型

在我们周围，有这样一种人，他们工作能力一般，也算不上能说会道，但就是非常讨上司的喜欢。在工作中，他们总是直接或间接地得到上司的帮助，在职场上如鱼得水。更不可思议的是，即便换掉原来的上司，另有新的上司来接任，他们依然能够受到新上司的喜欢。也就是说，他们可以受到不同性格的上司的喜欢。

那么，他们如此受宠的原因是什么呢？答案很简单，就是他们懂得分析上司的 DISC 人格特型。

情境

想象一下，如果你把一件需要自己拼装的半成品家具给你的上司，他将会如何开始工作？

如果同时把这样的家具给 D 型、I 型、S 型、C 型上司，那么你会发现：D 型上司是最快开始拼装的（也许只是看了几眼说明书）；I 型上司会观察其他人怎么做，并试图和大家讨论完再做；S 型上司会在大致参考说明书和其他人的做法后，慢慢开始拼装；C 型上司一定会把说明书从头看到尾，并把说明书上画的零件编号和零件实体进行对照。这种行为方式上的差异，代表了 DISC 四型的人格。

情境解析

了解上司的 DISC 人格特型，有助于你了解他的价值主张、驱动力、工作偏好和对下属的偏好。

你是否注意过上司的人格特点？他是喜欢支配和领导，做完全的领袖、带领团队冲锋？是喜欢影响他人，通过潜移默化的影响使团队士气大增？是稳健的领导者，通过严格执行程序带给团队安全感和高效？还是支持型领导，在服从规则的同时，支持整个团队奋进，成为整个团队的坚实后盾？

何谓 DISC 四型人格？简单来说，人的性格可以分为 4 种：

D——Dominance（支配型），行动力强、以结果为导向的性格特征；

I——Influence（影响型），温和乐观、以人为主的性格特征；

S——Steadiness（稳健型），以程序化工作为主、做事严谨、精细的性格特征；

C——Compliance（支持型），以服从规则为主、乐于支持他人的性格特征。

应对不同类型的上司，你需要充分了解他的性格特征，然后根据需要去改变自己，去适应他，和他实现最优互补。

类型1 ▶ 支配型（D型）：结果导向者

支配型上司是天生的领导者，价值取向只有一个，那就是结果导向。其工作模式是以解决问题为主，以结果为唯一目标，勇往直前。

支配型上司的性格特征是自尊心极强，所以在支配型上司面前，你需要做的就是尊重和服从他的指挥。

支配代表了D型上司直截了当、控制一切和独断专行的性格特征。D型上司同时是"指挥者"和"支配者"。D型上司的性格非常具备动力，他在工作上追求的是结果和成就感。D型上司渴望控制并改善自己的生活和工作环境。

D型上司常常会说的话是"结果呢""成果是什么""下一步的行动是……""我们的目标是……""应该如何做呢"，等等。

D型上司追求的永远是实际的成果，只有成果能带给他最大的激励和驱动力。

和D型上司沟通，你必须简单、直接、有问必答。

敢于拼搏的特征在 D 型人身上表现得淋漓尽致，他们是最早的个体户、最早愿意去开创的人。企业在创业阶段需要的人才也是 D 型人。

在企业开拓新市场的过程中，D 型人往往会被委以重任，因为他的一往无前的精神适合开发新的市场，也适合做营销总裁。D 型上司永远喜欢改变和突破，跟着 D 型上司，他指哪儿你打哪儿，你要服从他的指挥，支持他的行动。

当你的上司是支配型时，你需要关注以下几点。

❶ 服从和尊重。

❷ 直截了当。 支配型上司把效率和结果放在最重要的位置，所以你的汇报越直接越好，否则会被视为耽误他的时间。

❸ 随时让他掌握状况。 如果你的上司事无巨细都要了解、经常要求你向他汇报现状，那么他一定是 D 型上司，D 型上司对掌控自己和他人的权力非常执着。

❹ 拿出结果。 不要带着问题去找他，而要带着结果去找他。任何工作你都要卓有成效地完成，他喜欢能够直接带给他结果的下属。

❺ 能够处理他照顾不到的细节。 D 型上司的开创性使他做决策时非常果断，但是这种果断常常会使他疏忽细节、忽视弊端。作为 D 型上司的得力助手，你需要在他做决策的时候，帮助他准确衡量利弊得失，并提醒他注意可能忽视的细节。但是注意，你需要做的是辅佐他，而不是反对他。

❻ 不要虚饰。 如果没有实际的成果，那么就直接承认，不要用好听的话来修饰，如 "在这个过程中我们学到了……这个失败的教训给我们带来了……"，等等。与其说这种话，不如直接说 "下

次我一定会拿出结果"，这样反而会因为冲劲十足而更容易得到 D 型上司的欣赏。

❼ 抗压能力强。D 型上司的优点在于敢于勇往直前、抗压能力强，在工作遇到困难时表现优秀的永远是 D 型上司。作为 D 型上司的下属，你也需要有很强的抗压能力。D 型上司的缺点在于非常容易发脾气，他可能会对下属讲粗话。如果 D 型上司骂你，你不要放在心上，他只是在发泄自己的情绪。

❽ 通过时间获取信任。D 型上司不容易信任他人，你要获得 D 型上司的认可，只能通过时间和一次次的优秀表现。只有时间会证明一切。

如何与 D 型上司沟通呢？方法见表 1-1。

表 1-1　如何与 D 型上司沟通

关注点	沟通方式
结果导向	D 型上司以"事"本身为主，人或安全感之类的不是他考虑的事情，他在乎的是"结果""成绩""效率""速度""成本"
	与 D 型上司沟通，需要配合他简单、直接的性格；明确、不含糊的沟通风格是 D 型上司喜欢的，你要争取做到一针见血
	公事为重
	除非公事已经说完，否则不要说其他不相关的内容
明确的计划和问题	提问时要问明确的问题
	给他至少两个以上的选择
	向 D 型上司呈现你的方案时，需要明确、有效率、有逻辑的计划
	最好能够展现每个方案的成功率、效率和利弊
	如果双方意见不合，那么针对事实展开讨论
	对 D 型上司来说，目标非常重要，达成目标的过程令他享受

续表

关注点	沟通方式
负面评价和肯定	D 型上司不容易接受别人的负面评价，如果你想要改正 D 型上司的一些缺点，就一定要给出明确的事实并用委婉的态度建议他
	D 型上司很喜欢获得别人的肯定，因此你要多多肯定和赞扬他，尤其是要赞扬他的行动力和能力
额外需求	适当的空间：D 型上司是 DISC 四型中最需要一定空间的类型
	安全感：D 型上司非常害怕被人利用，因此要让他感觉自己不会被利用
	盈利：D 型上司是不会吃亏的，和 D 型上司谈判最好的结果是双赢，即双方互惠互利
最常使用的句式	结果、成果、目标、效率、效益、百分比、条件、优势、劣势
	应该如何做？ 下一步的目标是什么？ 如何达成这个结果

类型 2 ▶ 影响型（I 型）：乐观的社交者

　　I 型上司即"影响型"上司，性格非常爽朗、待人友善，其和 D 型上司一样是外向型性格，但是比 D 型上司要温柔、婉转得多。

　　应该说，在 I 型上司手下工作是非常开心的：I 型上司喜欢营造一种轻松的、以人为本的工作氛围。如果 I 型上司在团队中，那么团队的气氛一定是和谐的。

　　I 型上司喜欢影响他人而不是掌控他人，他喜欢交际和沟通，强调互动。

I型上司和D型上司的区别非常明显：D型上司追求的是结果，而I型上司最大的驱动力是社会认同——在工作中，他需要上司、同事、客户和下属的认同（人的认同），需要时刻感受到自己是受欢迎的。

I型上司喜欢讲信用的下属。如果你承诺过什么，那你最好做到。

但是I型上司的抗压能力较弱，遇到难题时容易逃避和陷入混乱。

I型上司扮演的角色是"社交者"，他注重工作中的人甚于事，喜欢交友和沟通，容易亲近，在新团队中能较快融入、和团队的其他成员打成一片。

当你的上司是I型时，你需要关注以下几点。

❶ **尊重和认同他**：友善是I型上司的标签，和I型上司一起工作你会感到很舒服，但是I型上司喜欢在讨好别人的同时获得他人的认同。在DISC四型中，I型上司是最渴求别人认同的。

因此，在I型上司手下工作，你需要多多赞美他，经常表达你对他的认可和欣赏。虽然他是你的上司，但是他仍然非常需要下属的肯定。

❷ **能够找到重点和充分思考**：I型上司的脑子非常灵活，但是容易流于表面。他们善于提出问题的解决办法，尽管有时他们的解决办法并不完美，因此能够补充他的解决方案的下属是被他喜欢的。I型上司同时具备充满激情的特征。

❸ **能够把工作计划贯彻到底**：I型上司性格自由、不喜拘束，有时他的工作风格会显得缺乏动力和行动力，优秀的下属能够弥补他的缺陷，协助他将工作计划贯彻到底。

　　I型上司还有一个特质是略显不严谨，因为I型上司容易兴奋，很容易忘记事情、忽视细节。与I型上司沟通，你需要格外照顾他的情绪，注意他的情绪起伏，并照顾他的荣誉感和被认同的需要。

　　❹ **能够自我管理**：I型上司友善乐观的性格使他们不会像D型上司那样要求随时关注和掌控一切。在I型上司手下工作你会很轻松，但是这就更要求你有很好的自我管理能力，你必须自觉、主动。

　　❺ **忠诚可靠**：I型上司比其他类型的上司更缺乏安全感，他需要可靠的伙伴。因此，你需要时刻让他感到安全，不要使他觉得自己的地位不稳固。

　　如何与I型上司沟通呢？方法见表1-2。

表1-2　如何与I型上司沟通

关注点	沟通方式
以人为本的沟通	多谈工作中的人，少谈工作中的数据和事实
	记下沟通中的细节，因为他可能会忽略
	与I型上司沟通时，需要营造一种友善的气氛
稳固的地位感	积极向他汇报，汇报时要表现出充分的尊重
	多征求他的意见和建议
	提供I型上司重视的人的想法和意见
	当你和上司意见不合时，一定要注意采取非常委婉的方式让他了解你的意见，而不是让你的意见威胁到他
使他更有动力	和他讨论新鲜、有趣的事情，生动地描述前景和未来
	支持他的梦想

续表

关注点	沟通方式
额外需求	Ｉ型上司需要地位，保持自己的地位感，你要使他感觉自己被重视
常使用的句式	奖励、激励、和谐、奋进
	那就靠你了。 多亏了你。 我们可以做到

类型 3 ▶ 稳健型（Ｓ型）：支持者

　　稳健型的上司（Ｓ型）是职场中坚实可靠的后盾。稳健型的上司具有以程序为主、做事严谨、精细的性格特征。谦逊而温和，稳定的情绪是他们明显的特点。他们注重程序和逻辑性，擅长分析和思考，讲究细节。把事情本身做好是稳健型上司工作中最大的驱动力，这里面绝不含有感情因素。

　　Ｓ型上司喜欢精确、稳定、有逻辑的做事方法，希望下属能够在工作中、汇报工作时提供精准的说明和详细的数据。稳健型上司是纯粹的理性思考者。

　　Ｓ型上司更多地分散在技术部门，与程序和数据打交道是他们擅长的事情。如果一家公司有Ｄ型上司做营销总监，有Ｉ型上司做人力总监，有Ｓ型上司做技术总监，那么这家公司的效率将因为完美的配置而大大提高。

　　和Ｄ型上司的充满激情以及Ｉ型上司的情绪化有极大的不同，Ｓ型上司的性格谦逊而温和，稳定的情绪是他们明显的特点。Ｓ型上司非常擅长履行职责，如果能够给出详细的指令，他们将是表现最好的类型。

相对来说，S型上司是关心下属感受的上司（虽然I型上司也很关心别人，但是其目的是使自己受欢迎）。

S型上司具备更多的耐心和同情心。

S型上司是非常好的倾听者，在工作上不独断，善于理解和支持他人的工作。

S型上司在工作中的优势在于其持之以恒。"打天下"时D型上司更合适，但是做一成不变的工作时，会感到无聊；S型上司能够坚持下去，像程序那样长期有序地运行。

S型上司抗拒改变，他们喜欢稳定的环境和稳固的工作关系，很少跳槽，对企业的忠诚度是非常高的。

S型上司竭力避免冲突和对立，很少主动要求下属，也不擅长表达。S型上司更多的是调和冲突的人，其性格就像《西游记》中的唐僧——对待下属宽容，同时也不喜欢纷争。他们做事之前会考虑很久，但是一旦决定之后就不会改变。

D型上司需要被团队支持，I型上司善于融入团队，而S型上司喜欢做背后的支持者。

当你的上司是S型时，你需要关注以下几点。

❶ **有勇气改变现状**：因为S型上司追求稳定，所以工作上有时会显得犹豫而死板。如果下属能够适当弥补他的这个缺点，灵活应变，在有突发情况时能较快地做出反应，那就会受到上司的欢迎。

❷ **灵活的工作方式**：S型上司本身不是创新型人才，他们工作时专注而有恒心，但是难免显得保守。S型上司需要能够一心多用的下属协助他全面发展，灵活的下属能够和他形成优势互补，使

效率最大化。

❸ **愿意代替他在人群中冲锋陷阵**：S型上司大多不太擅长和人打交道，作为S型上司的下属，如果你能主动替他与人交流，他会非常感激你。

如何与S型上司沟通呢？方法见表1-3。

表 1-3　如何与 S 型上司沟通

关注点	沟通方式
程序第一	告诉他你做事的逻辑是什么
	问明确的问题
	多谈论工作的程序和计划
	使他知道你的工作进度
	告诉他你做事的顺序、流程、时间和步骤
安全感	聆听他的话语，响应他的意见
	征求他的建议，使他感到自己受重视
	当你发表不同意见时，你需要态度温和而有逻辑性，避免激烈的表达方式
需要的态度	留给他思考和决定的时间
	多肯定和感谢他的无私以及对团队的贡献
额外需求	和谐的相处方式，对他表示你的友善和忠诚
	可以先营造良好的气氛，再说公事
最常使用的词汇和句式	程序、数据、流程、步骤、顺序
	下一步是什么？ 这件事的程序是什么？ 流程是什么？ 工作是否顺利？ 是否需要支持

类型4 ▶ 配合型（C型）：完美主义者

C型上司追求完美，对自己和别人要求很高。C型上司像诸葛亮那样尽忠职守、遵守规定、做事谨慎。C型上司非常喜欢规则和程序，绝对遵守纪律，与S型上司相比，他们更加专注细节并且维持极高的标准，就像程序一样精准。C型上司永远是企业中守规矩的人，如果一家企业即将倒闭，即使其他人都跳槽了，C型上司也会留到企业倒闭的那一天。

能使C型上司发挥优势的职业是那些极度要求规则和精确度的，如律师、医生、质量监督管理局的工作人员等。

C型上司同时又被称为"思考者"，他们的特质有以下几点。

❶ 讲究做事精准，重视流程。

❷ 对品质有非常高的要求。

❸ 真正就事论事，对人的因素并不关心。

❹ 非常严肃和理性。虽然S型和C型一样理性，但是C型上司更加严肃，而不平易近人。

❺ 缺乏变通。C型上司的忠诚度高，源于其性格中的稳定性，基本不会自主创业，因为开创事业不符合他们喜欢服从的性格。

❻ 完美主义。C型人从来不会将就和敷衍，他们做任何事情，都会对每个细节进行关注，确保一切尽可能地做到最好。写一篇邮件，D型人写完可能连错别字都不查就发出去了，但C型人会不断修改到"完美"，才发出去。完美主义的C型人，在工作中容易发现错误，喜欢指出错误、修正错误。

C型上司很适合做财务工作。

当你的上司是C型时，你需要关注以下几点。

❶ 能够团队协作：C型上司是守规矩的人，其个人会表现得专业性强且有自制力，但是其下属最好能够实现团队协作。

❷ 能够给出明确的规则和完善的资料：D型上司需要的是工作的结果，而C型上司更重视工作中的规则、流程和过程（不是说其不重视结果，而是更强调做事符合规则）。

向C型上司汇报工作时，一方面你要给他提供完善的资料，另一方面你要抓住重点。这就需要你灵活应变了。

❸ 精确、完美的品质：C型上司注重品质，他不喜欢马马虎虎的行为模式。如果你要递交工作结果给C型上司，那么最好做到完美再给他，不然会被要求重做。

❹ 能够提供大量的数据和资料供他决策：C型上司是团队中解决问题的高手，他们擅长分析、对比问题，在出现问题的时候，他们会花大量时间搜集和对比数据资料。作为C型上司的下属，你最好能够在他要求之前就协助他做到这一点。

C型上司和S型上司的区别在于：C型上司更加内敛，自制力强，不易被说服。

C型上司尽忠职守，注重程序，讲究做事的分寸和进退，追求工作中的细节，是标准的完美主义者。但因为太追求程序和标准，他们有时会非常固执。

C型上司的压力来源是易遭到能力上的质疑和误解，以及工作无法完成，可参考的事实和数据不足，导致他无法进行理智的决策。

C型上司非常不喜欢不明确的规定和方法，也不喜欢没有弄清事实就做出决策。换句话说，C型上司不喜欢失控的感觉，所以C型上司不适合开拓市场，更适合维持稳定。

如何与C型上司沟通呢？方法见表1-4。

表 1-4　如何与 C 型上司沟通

关注点	沟通方式
明确的事实、数字、步骤和计划	直截了当，就事论事，避免分散注意力
	C 型上司重视事实和数据。与 C 型上司沟通，你要给出明确的事实和详细的数据。要有明确的数字，有百分比，有详细的金额，有上阶段和本阶段的对比
	给出明确、清晰的计划表
	给出明确的时间表
最常使用的词汇和句式	数据、数字、对比、同比增长、同比下降、百分比
	这是相关的资料和数据…… 我们需要做的是…… 根据这个数据，我们能够得出的结论是

虽然我们将人的性格分为 D、I、S、C 4 种类型，但是在生活中，每个人身上一般会包含这 4 种性格，只是每种性格所占的比例不同，没有一个人是单纯地只体现其中一种性格的。

4 种性格不能做简单的好与坏的区分，每种性格都有优点，也有缺点，所以每种性格所适合的岗位也不一样。

我很喜欢像水一样的性格，水有时候非常有毅力，能将石头滴穿。水在大海中可以奔放激越，波涛汹涌；水在小溪中又能够安静，缓慢地流淌。

好的性格能够根据情况转换自己的沟通方式，面对什么样的性格，采取什么样的沟通方式。

D 型性格的人喜欢直来直去，当你面对这种类型的上司时，就要顺应他的性格，多和他讨论结果和效率，多谈谈有关"What"的内容。

I 型性格的人总能保持乐观开朗的性格，和 I 型上司相处，你要

多体察他的情绪，同时多和他谈论"Who"的问题。例如，"还有谁参与这个项目？""还有谁支持这个决策？"人永远是他的关注点。

S 型性格的人很容易被他人信任，你要体察 S 型上司的迟疑和耐性，多和他谈论有关程序和步骤的内容。例如，"下一步的计划是什么？""我们如何达到目标？"即多谈"How"的问题。

面对 C 型性格的人时，更重要的是要多回答他的疑问。要注意多和他谈论有关"Why"的问题，即我们为什么要这样做。

"收服"上司有妙招：认识上司的5种角色

和上司相处是一门艺术。

有一类员工，他们对工作不上心，却想尽一切办法和上司套近乎，经常以汇报工作为由，有事没事地去上司的办公室。说实话，职场是一个既拼实力，又要深谙与上司相处技巧的地方，你再能说会道，若不能为公司做出业绩，照样不被上司喜欢。

还有一类员工，他们和上司的相处模式是能不说话就不说话，除了迫不得已汇报工作外，能躲则躲，这类员工虽然能够做到踏踏实实的工作，但因为不懂得跟上司的相处之道，所以，这类人也不受上司喜欢。

情境

小华刚参加工作时，抱着远离领导的心态，只和同事打成一片。到了年终，上司给他的评价是"C"，即能力还好，但是不喜欢向上沟通，不适合这个岗位，于是小华被调走了。到了新的岗位，小华在卖力工作的同时，十分注意亲近上司，吃饭的时候一定要坐在领导旁边，开会的时候也要坐在领导身边，经常找领导谈话、谈心。年终，新上司对他的评价还是"C"，即性格不错，但是不踏实，太爱出风头。

小华迷茫了：我到底应该怎么和上司相处？

情境解析

上例中小华在工作中之所以不被上司认可，就是因为他不会"管理"上司。优秀的员工不但工作能力强，在"管理"跟上司之间的关系时，也是轻车熟路。那么，他们是如何"管理"与上司之间关系的呢？很简单，就是了解上司所扮演的角色，根据上司的角色采用不同的相处方式，从而成功地"收服"上司。

一般来说，上司在他的位置上同时扮演着5种角色：**上级领导、下属的导师、组织资源的分配者、权力的使用者以及下属未来的资源和朋友，**如图1-2所示。

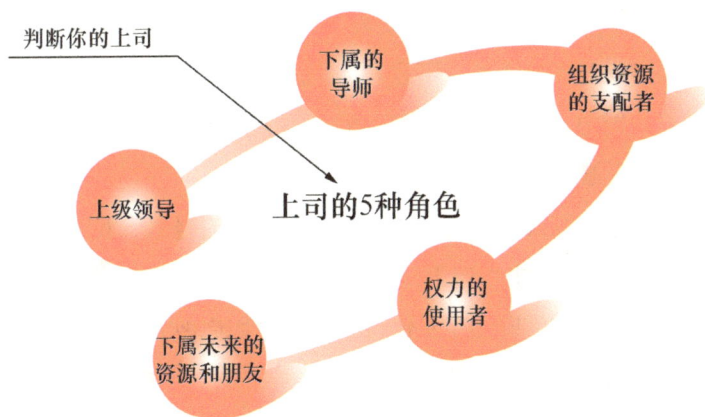

图1-2　上司的5种角色

角色1 ▶ 上级领导：上司成就"能臣"还是"庸兵"

上司的第一个角色是你的"上级领导"，他掌管你的"生杀大权"，决定你的职业发展前景。

企业一般有3种人：领导者、管理者和执行者。管理者和领导者的区别在于：**管理者需要给下属更多的方法，但领导者更多的是给出方向；管理者是战术的实施者，领导者是战略的制定者。管理者与领导者的角色在不同环境下有互换义务。**

作为下属，不管你的上司是管理者还是领导者，你的首要角色都是执行者。你的角色任务就是服从领导，服从管理，执行任务。

你首先要清楚你在职场中的定位是什么、你想要成为什么样的人，然后再评估你的上司是否能够带领你成为你想要成为的角色。

如果你的上司非常优秀，那你要跟着他学习；如果你的上司不优秀，那你就只能自己学习，千万不要在这样的上司手下碌碌无为。

角色2 ▶ 下属的人生导师：上司教你"做人"还是"做事"

我常常对年轻人说：不要看你们刚出大学，进入职场后你们的地位、能力、薪资都差不多，但过不了几年，你们的职位、薪资就会有天壤之别。

这些差别取决于你刚刚进入职场那几年的努力，取决于你能否在自己的职业生涯中走上升线。

什么可以使你向上走？你做事的能力和你做人的态度。谁会教你做事以及做人？你的上司。

上司的第二个角色，就是你的"人生导师"。在我的职业生涯中，我见过很多人因为跟了很好的上司，获得了不错的职场发展。

在职场中，你有非常大的概率遇到像自己的人生导师一样的上司。

有些上司教你做事，帮你提升专业能力、业务能力，教你怎么把一件事情做好。跟着这样的上司，你等于出了一所大学，又进了另一所大学，你学到的是做事的能力。在职场中如果遇到能教你做事的上司，你千万不要懈怠。

还有的上司，不但自身业务能力强，还愿意教导自己的下属，把自己的工作经验传授给下属。

如果你能遇到教你做人的上司，就千万不要错过，这是你的幸运。有了他，你不用交学费，就能够学到在你今后几十年职场生涯中最难得的东西，你要把握机会。

跟着这样的上司时，你千万不要让他失望。你可以做错事，但是不要让他对你的人品和态度失望。

请判断你的上司能教你"做人"还是能教你"做事"。

角色3 ▶ 组织资源的支配者：有了资源和上司的支持，你才能开展工作

上司是拥有组织资源的人。在工作中，如果缺少资源，你的工作一定很难开展。资源包括两种：**一种是物质资源，如物力、人力等；另一种是精神资源，如认同、嘉奖等。**

你要明白，上司是组织资源的支配者，有了资源你才能开展工作。为了得到这个资源，你要获取上司的信任，借助他让这些资源向你倾斜。

所以，你要尊重、跟随你的上司，他是资源的拥有者、支配者和协调者。

不管你的能力有多强，缺少资源都将一事无成。

在组织中，最难获得的资源就是信任。

角色4 ▶ 权力的使用者：获取上司的信任，你才能获得更多授权

你的上司是拥有权力的人，权力能够影响很多人的行为。上司的权力是组织赋予的，有的员工不清楚：为什么老板会把一些重要的工作给没有能力的人做？

在企业中，信任常常比能力更重要。尤其在民营企业，老板更愿意把权力分配给自己信任的人。

要注意判断你所在企业的权、责、利关系，清楚权力在谁的手中、责任在谁的身上、利益由谁获得。

上司同时也是取得了组织信任的人，把权力给谁是组织决定的，你的上司获得的是企业的授权。

千万不要以为自己的能力强，就忽视你的上司。即使你的上司再无能，取得组织信任的人也是你的上司，而不是你。

当你藐视你的上司时，你藐视的实际上不是他，而是你上司背后的组织。

这就是为什么有的人工作做得很好，但是汇报工作的时候得不到上司的认可，在分配利益的时候也没有他的份儿。**他担负了责任，却得不到利益，因为他得不到有权力的人的认可。**

你如果取得了上司的信任，很快就能帮助你的上司使用他的权力。

角色5 ▶ 你未来的资源和朋友：你该如何使上司的第五种角色成真

上司很可能成为你未来的资源和朋友，所以你一定要和你的

上司搞好关系。

也许过了三五年之后，你的上司跳槽了，你们的关系仍然很好。过了几年，很可能你也跳槽了，刚好跳槽到你原来上司的公司或者是他所在的行业——你们的资源很有可能产生交集。这时你会发现，有以前的上下级关系做底子，你们仍然会相处得很好。

有人问："我该如何把握和上司之间的距离？我应该离上司远一点儿还是近一点儿？离得太远，怕被忽略；离得太近也不好，会被领导反感和猜忌。真是左右为难。"

其实，关键在于你的上司想和你保持什么样的距离。上司愿意和你亲近，你就走近一点儿；上司不愿意和你亲近，那你索性就远一点儿。每个上司的性格都是不同的，如和善的、严肃的、传统的，不同性格的领导决定了你们之间距离的远近。

一个下属和上司的心理距离越小，关系就越好。不要抗拒自己的上司，只有从内心亲近自己的上司，你们的关系才会好起来。

可以用"刺猬法则"处理上下级关系。离得太远就会觉得冷，离得过近又会扎到对方，所以不远不近的距离是最合适的。

"管理"上司的策略：了解上司对你的真正期望

有的人工作十分努力，工作能力也不比其他人差，但是无论如何努力，工作成绩总是体现不出来。为什么会出现这种情况呢？想要取得成就，个人的努力和能力是必不可少的，但是这些并不是全部，上司的认可和支持也十分重要。也就是说，**无论你的工作多么出色，如果不能得到上司的认可，那么你就很难做出真正的成绩。**

～～～～～～　**情境**　～～～～～～

一位学员向我们分享了他遇到的一件事情。

他所在的公司新招聘了两个人，一个是名牌大学毕业的硕士生，一个是普通大学毕业的本科生。他们之前都有过三年的工作经验。

他们来公司上班的第一天，上司就把他们叫到办公室，让他们到基层试用 3 个月。

硕士一听，非常生气，他觉得以他的学历和经验，在基层就是大材小用。于是就对上司说："我应聘的职位是技术部门的顾问，面试时公司也答应让我做这个职位，现在为何让我到基层去？"

上司解释道："公司有规定，刚入职的新员工，必须到基层去锻炼，因为……"

硕士打断上司："我觉得公司对我有误解，以我的资历和能力，完全能胜任技术部门的工作，让我到基层去，这不是浪费我的时间吗？"

上司无奈地说："请你相信公司的安排，你们到基层后，可以……"

硕士不听上司讲下去，愤然道："如果非让我去基层，那我宁愿辞职。"

上司无奈，只好安排硕士去了技术部门。本科生一个人去了基层。

基层的工作的确比坐办公室累多了，加班更是常有的事情。本科生刚去时，因为要从头学起，他的工作十分辛苦。对此，他毫无怨言，默默地承受着一切。

本科生觉得，既然这是上司的安排，一定有其原因。自己作为下属，要做的就是按照上司的期望，做好本职工作。

本科生按上司的吩咐，在基层实习了 3 个月后回到公司，硕士看到又黑又瘦的本科生，心中暗暗得意，觉得自己拒绝上司去基层是非常正确的。

本科生回到公司半年后，成为部门主管。硕士生觉得自己比本科生学历高，有资历，凭什么本科生这么快就升职了。

硕士找到上司，气冲冲地说："这也太不公平了吧，我和他一起进公司，我的学历、资历都比他好，凭什么这么快就给他升职了？"

上司说："这次他升职，是总部直接任命的。总部有规定，提升一个人之前，需要到基层锻炼，表现好，才能升职。当初我对你充满了期望，可你一意孤行，即使离职也不同意。"

"你没有告诉我是为了升职去基层啊？"硕士不解地问。

"公司提升一个人之前是保密的。"上司说。

硕士听后，惭愧地低下了头。

情境解析

这个案例告诉我们，员工在努力工作的同时，一定要了解上司对你的真正期望。只有了解了上司对你的真正期望，你才可能专心致志地为企业的终极目标而努力，而不使自己努力的方向偏离企业的发展目标。为企业创造效益，这也是企业和上司对员工的期望。

此外，了解了上司对你的期望，你总是能让上司有你比别人强的感觉，他将会对你建立起更高的信任与依赖，从而在分配有限的资源时向你倾斜。所以，优秀的员工懂得通过了解上司的真正期望来"管理"上司，经营好与上司的关系。

人在职场，一定要明白上司在你工作中所起的重要作用。你的上司可以给你提供工作必需的资源，可以帮助你完成工作，当然也可以孤立你，让你得不到任何支持，否定你的工作成绩。所以处理好和上司的关系是十分重要的。

如何得到上司的赏识？做到这一点并不难。**首先，你要了解上司对你的期望。其次，你要在达到他对你期望的同时稍稍超出他的期望。**

著名导演李安在谈到"如何感动你的观众"时说："如果观众看到主人公很努力也无法达到目的时，观众就会感动。如果这时主人公再努力那么一点儿，观众就会落泪。"

从"感动"到真正触动人心的"落泪"，区别就在于那么一点儿努力。

那一点儿努力，就是你超出期望的一点儿。

你是否真正了解上司对你的期望？你是否和上司沟通过、询问过他对你的期望？请找个恰当的时机，和上司讨论他对你的期望。一方面可以让你更加了解上司的想法，另一方面也可以让上司看到你渴望达到他的期望的心。

只有充分了解上司对你的期望和对你的角色定位，你才能在自己的本职岗位上发挥得最好。**上司对你的期望是什么？是技术型人才还是综合型人才？是希望你去开拓市场还是希望你把后方的工作做好？**如果上司对你的定位是技术型人才，那么你就应该把更多的精力放在钻研专业上，认真搞好技术问题；如果上司希望你是开拓市场型的人才，那么你要在开拓市场上投入更多的精力，而不能天天在办公室钻研技术问题。

一般来说，上司对你的期望也是公司对你的需要。即使你的工作风格和上司的期望并不相符，你也不愿意完全转变自己的工作风格，那你也应该在自己的愿望和上司的期望中间找个平衡点。

想要得到上司的欣赏，就要领会并实现上司的意图。一个优秀的下属要对上司的意图了然于心并贯彻到底。

如果你不了解上司的真正意图就去做事，很可能出力不讨好，把事情引向错误的方向。

检验你的沟通是否到位

有一些检验标准可以检验你的沟通是否到位，见表1-5。

表1-5 检验你的沟通是否到位的标准

任务	内容	了解 / 不了解
你是否充分了解自己	工作价值	
	工作目标	
	工作标准	
	工作程序	
	工作进度计划	
	工作业绩要求	
	工作的关联关系	
上司是否了解你	工作能力	
	工作难度	
	工作进度	
	业绩水平	
	精神需求	
	个人苦恼	
	生活困难	
	下属之间的关系（友好、有心结还是不友好）	

续表

任务	内容	了解 / 不了解
你是否具备 / 达到	对上司的工作信心	
	对上司的尊重和学习心态	
	确保你对上司的指示没有误解	

　　一般情况下，上司总是希望下属能够做到：定期汇报所有项目的进展，最好是口头汇报和定期电子邮件汇报相结合，同时邮件汇报中应该有明确的表格；定期汇报预算控制的情况和时间掌握的情况；定期汇报客户的动态；定期汇报自身的心态；定期汇报自己在工作中遇到的问题，最好这个问题是自己已经想出解决方案了，最好还要有备选方案。

　　总之，上司对下属的期望是既能够做事，又能够随时沟通汇报。

　　如何了解上司对你的期望呢？你可以这样做：**观察并询问上司的工作标准；观察并询问上司对你的工作要求；观察并询问上司的沟通标准、频率和偏好的方式；发邮件询问他对你的期望是什么，并且告诉上司你会达到他的期望。**

　　如果上司夸奖过和你同一级别的同事，你就应该注意上司为什么夸奖他，如何做到像他那样。上司对你的同事的每次夸奖和批评都是你了解上司用人标准的机会。

步骤 2 与上司的共赢之道：运用六大原则 工作，就是成功

🕐 敬业原则：敬业既是一种态度，更是一种行动

对于每位员工来说，敬业既是一种态度，更是一种行动。敬业的态度表现在对工作的认真负责、忠于职守、善始善终的良好职业道德品质上。行动就是在工作中说到做到，并且把工作做到极致。

当你选择一份工作时，你要把这份工作当成自己毕生的事业，热爱工作，并为此付出全身心的努力。同时，在工作中不倦怠，做事情一丝不苟，让自己获得不凡的才能。从这点上来看，敬业其实就是一种主人翁精神。你的敬业工作并不只是为企业和老板创造价值，真正的受益者是你自己。

〜〜〜〜〜〜〜〜〜〜 **情境** 〜〜〜〜〜〜〜〜〜〜

一个听过我三次课的学员，向我们分享了他的故事。他大学毕业后到一家公司当办公室文员。办公室里只有他和两位同事，上司忙不过来时，就让他们帮忙。他的两个同事觉得拿的是办公室文员的工资，就找了借口拒绝了上司分给他们的额外工作量。

对于上司分给的额外工作，他非但不拒绝，还经常主动

帮上司做一些琐碎的事情。例如，客户来时上司不在，他就主动陪客户；销售部门的同事送货缺人手，他主动提出去送货，等等。

一次，上司无意中对他说："你要是外语好就能帮我大忙了。我们公司国外的客户多，又处于发展阶段，实在太需要外语好的人了。"

从那以后，他开始利用业余时间自学外语，又自费参加一些关于外语口语的培训班。渐渐地，他的外语水平越来越高。遇到业务部需要翻译的资料，他主动帮助翻译，经常做那些并不属于自己且没有薪水的工作，但深受上司的喜欢。

一年后，业务部招人，上司想也没想，就把他推荐到了业务部门。两年后，他对工作的敬业精神，他在工作中言行必果的行动力，让他得到了很好的自我提升，许多公司都想把他挖走，上司为了留住他，就不得不多次给他升职。现在，他已经成为业务部门的副总，他的薪资比之前涨了好几倍。

情境解析

我的学员在短短三年内，就能够做到既升职又加薪，与他对工作的敬业精神是分不开的。他对工作不但认真负责，而且行动力很强。上司对他说的学外语的话，可能对其他员工也说过。其他员工当着上司的面也答应过，但真的付诸行动并坚持下来的却没有。

这个故事告诉我们，对工作的敬业精神，有可能短时间不会看到什么成果，但如果你长期坚持下去，那么你将会受益无穷。由此看来，一个员工是否成功，完全取决于他的敬业程度。一个对工作有敬业精神的人，才会真正为公司的发展做出贡献，并且让自己从工作中获得无限乐趣和收益。

员工在和上司共赢的六大原则中，第一个原则就是敬业。敬业就是努力工作，把自己的工作做到最好。

如果你是一个非常敬业的员工，说明你对自己的工作和事业的理解是透彻的。反过来也一样：如果你对事业理解得很透彻，那你的上司一定也觉得你很敬业。

敬业体现的是清晰的职业理想，我们可以回想一下：我们做的每件事是否都和我们的职业道路、职业理想息息相关？我们现在做的每件事都将影响我们职业的未来。

员工的敬业精神具体体现在以下方面。

第一个方面 ▶ 敬业原则是员工立业意识和从业态度的体现

对于员工来说，敬业体现的是一种立业的意识。古人讲究修身、齐家、治国、平天下。工作也是这样，要先修身、再立业。你要先敬业，才有可能创立自己的事业。

一个人对工作是否敬业，体现在他的从业态度上。职业态度端正，就会敬业。

第二个方面 ▶ 行业情结也是敬业的体现

在工作中，我们如果能做到干一行、爱一行，并且对自己所从事的行业有一种必须做好的情结，这也是敬业的体现。有了行业情结，你就会热爱你所在的行业，你就会敬业。每行都有不同的人在工作，不论你在家电行业、互联网行业、金融行业还是汽车行业，只要你是一个敬业的人，你就会对自己的行业有一种情结。

~~~~~~~~~ 情境 ~~~~~~~~~

十几年前我做家电行业，直到现在我对家电行业都有特殊的情结。每当我路过国美、苏宁时，都会有一种特别的感觉；有关家电行业的新闻，我都会特别关注；有关家电行业的广告，我也喜欢看；如果有家电行业的企业请我讲课，我会讲得特别卖力。这是一种自发的表现，是我对自己曾从事的行业的热爱。热爱也能造就敬业。

我离开 TCL 集团已经十几年了，现在我对这家企业仍然非常关注，我会关注它的新闻；以前的老同事发微博，我也会仔细地看。

~~~~~~~~~ 情境解析 ~~~~~~~~~

干一行爱一行，同样是敬业的体现。因为只有爱，才会把工作做到最好。《论语》中有一句话，意思大概是懂得学习的人比不上爱学习的人，爱学习的人比不上把学习作为乐趣的人。

你会工作，不如爱工作；爱工作，不如把工作当成你的乐趣。

当你把工作作为乐趣时，你就会发现，有的事情没有报酬你也会主动去做。这时候，你不用刻意地要求自己，这说明你也是一个敬业的人。

第三个方面 ▶ 敬业的人会不断提升自己的工作能力

一个人的工作能力强，也是敬业的体现。对自己专业的磨炼和技能的提升，都是你敬业的体现。

一个人爱自己的工作，但是工作能力很差，这就不能说是完全的敬业。只有你致力于提升自己的工作能力，才能说是敬业。

敬业是坚守职业。敬业体现的是你的道德。一个不敬业的人，是不值得委以重任的。

第四个方面 ▶ 敬业既是现代职场的生死线，又是困难点

一个不敬业的人，在行业中的口碑可能不会太好。现在信息这么发达，你是一个什么样的人，慢慢大家都会知道。

例如，我曾在家电行业工作，即使我已离开那个行业，也会和以前的老同事有交集，因为同事也会发展他的事业、也会跳槽。

当我遇到以前有过交集的人，大家合作时，就会非常愉快，因为大家互相了解。

如果你很敬业，那就请建立起个人口碑。这个口碑就是你的招牌，即使没见过你的人也会知道你。

尤其当你 40 岁时，拼的将不是你的精力，也不是你的体力，而是你的口碑和人际关系。

敬业往往是出于内心的爱。有的人不喜欢自己的工作，不喜欢自己的上司，不喜欢自己的企业，甚至不喜欢所在的行业。这样的人要做到敬业很困难。

但是，你的困难点就是你的成长点，你的成长点就是你的价值点。如果你不喜欢自己所在的行业还能做到敬业，你不喜欢的本职工作还能做到敬业，这将成为你无可替代的价值。

第五个方面 ▶ ，敬业不但是一种态度，更是一种行动

敬业不是口头说说就可以的，不仅是你的态度，更是你表现出的行动。当你把自己的事情做到位时，你是敬业的；当你愿意

做不是你分内的工作时，你是敬业的；当你愿意为了完成一项工作、为了一个团队，牺牲你个人的一些利益时，你是敬业的。

服从原则：掌握服从的分寸，收获上司的信任

有学员问我，下属服从上司是天经地义的事情，但如果碰到上司下达的指令有问题怎么办？

我告诉他们，这就需要你掌握服从的分寸。这是一个优秀员工必备的素质。作为下属，你是执行者，比上司更清楚工作的实际情况。所以，当上司的决策与实际情况不相符时，你要做的是先服从上司，然后再寻找圆满解决问题的方法，然后提交合理的意见和建议，这样做既是对工作、对公司负责，又能收获上司的信任。

情境

上司的信任从你服从的那一刻开始，这是我根据多年的人生经历得出来的宝贵经验。

我曾用8年多的时间，从一个小小的业务员成长为一家企业大中华区的总经理。这期间的路是很长的，我担任的职位依次是业务员、车间主任、产品经理、渠道经理、办事处经理、分公司经理、总部销售副部长、总部培训总监、总部销售总经理，最后是大中华区总经理。经过这么多次晋升，我的能力是最强的吗？

答案是并非如此。那为什么我可以在这么多人中脱颖而出？为什么每次都是我获得了上司的认可而得到晋升？

因为我在工作中，始终保持了我当兵时养成的习惯——服从，不问为什么，没有借口。

任何指令下达到我这里就算结束了，我一定会想尽办法完成它。我不会给自己未完成任务找任何借口，任何时候上司都只会看到我的服从。

哪怕上司下达的指令有问题，我也要先服从，自己多花点时间来克服。如此一来，我的业绩不一定是第一，但是永远在前三。组织最后提拔的往往不是业绩第一的人，而是综合考量后选出来的。

情境解析

服从，就是"不管叫你做什么，你都照做不误"，当然，这种服从只是工作范畴上的服从。如果上司给你安排工作之外的事情，你可做可不做。自己经过衡量，如果拒绝，也要委婉地拒绝。

《给加西亚的信》这本书曾十分流行，全书其实只讲了两个字，那就是"服从"。

为什么唐僧不喜欢孙悟空？在职场中，有一个亘古不变的原则：上司喜欢服从的下属。孙悟空总是挑战唐僧的权威，任何时候只要孙悟空觉得不对，就按照自己的意思去做。作为下属，如果你是孙悟空，当你和上司意见不合的时候，你也不要当众给你的上司难堪，甚至直接反抗他的命令。

事实上，职场中不是只有"服从"和"反抗"两个选项，在这两个选项之间，还有很多迂回的方法，折中地完成工作，达成你的目的，这才是明智的做法。

方法 1 ▸ 先服从，再找机会说服上司

服从领导是有大局观的表现。即使领导是错的，你也可以先

做上司要求你做的，然后再慢慢说服上司。

服从和顺服还不一样，顺服是一种不情愿的妥协，而服从是遵循职业道德的自愿行为。

我当过兵，因此对职业道德的理解比一般人更深刻。**服从，是下属服从领导，是员工服从职业。**

"不服从"意味着战略很难落地，意味着上下级对立的开始。从你不服从的那刻起，就种下了冲突的种子。

服从即跟随。领导者都是从跟随者开始的。如果你想做一个卓越的领导者，也要从跟随自己的上司开始。

管理同样从服从开始。当你做了领导，你就会思考：我在跟随我当初领导的时候，我心里是怎么想的？这样你会更了解你现在下属的内心。

如果你曾一直挑衅你的上司，那么即使你做了上司，也很难把自己的下属管好。

方法2 ▶ 执行第一，聪明第二；服从第一，承受第二

当上司需要你服从的时候，你不要阳奉阴违，不要找迂回的路子来对抗。上司不傻，你的任何行动他都看在眼里。

阳奉阴违比不服从还糟糕。当你的上司发现你阳奉阴违时，你失去的将是他的信任。

如果上司让你做一件很难的事情，你也要先服从，而不要认为自己在忍受和承受折磨。否则你就把自己置于弱者的地位，你的服从大打折扣。

请牢记"执行第一，聪明第二；服从第一，承受第二"的16字职场服从原则。

请示原则：谨记请示三原则，上司"宠"你没商量

在很多上司看来，判断下属是否尊重自己，主要看下属是否经常向他请示汇报工作。所以，一个受上司"宠爱"的下属，在工作中能够做到：接受任务时，会主动向上司问清注意事项及工作方向；工作进行到一定程度时，会向上司汇报；预计工作会延期时，会及时向上司汇报；完成工作时，更要在第一时间向上级汇报。

不过，向上司请示工作是一门学问，工作中什么事情必须请示，什么事情不该请示，什么时间请示，什么场合请示，等等，有一点没做到位，就有可能影响到你和上司之间好不容易建立起来的关系。

在向上管理中，你要记住一点，就是不要私自做决定。更不要用自己的想法来揣测上司的想法，一旦猜错了上司的意图，就会招来上司的不满。

〰〰〰〰〰〰〰 **情境** 〰〰〰〰〰〰〰

关于请示，我想分享我的一个职场经历，这次经历给我的教训是非常大的。

以前我的上司委托我管理公章，公章在我这里放着，他说每次盖章的时候都要做好记录，并且在重大事件需要盖章时请示他。

一次，生产部门的总经理找我盖章，这个盖章的内容是生产总经理来找我们营销部门配合，我想这也不是大事，我的上司肯定会同意这件事情，就直接帮他盖了。这时我犯了一个非常大的错误——想当然。我想当然地以为上司会同意，所以没

有请示他就擅自做主了。

结果这件事过后上司一直不高兴，因为这件事情心里有个疙瘩，但是我不知道，于是这个疙瘩一直存在了两年，直到我快要离开这个岗位时。一次，我和上司一起出差，吃饭的时候，上司对我说："你知不知道你那件事情做得不对？那件事情如果你请示我，我也会同意，但不是马上批准他，而是要压一天。压一天我们部门的工作就有很多回旋的余地。但是你没有经过我的批准就盖章了，这件事情你做得不对。"

情境解析

我以为上司和我想的一样，但是上司和我想的不一样。

这件事情让我意识到：如果你在职场中做错了一件事情，你的上司未必会告诉你，但是他的心里会有疙瘩。

如果你的上司心里对你有了疙瘩，他可能不会告诉你，但是不告诉你不代表他不介意、不代表他会原谅你，只代表他觉得没有必要让你知道。他对你的愤怒和不满会累积，直到他忍无可忍的时候才会爆发。

不要给上司一个心里有疙瘩的机会，这就要求你凡事都要请示自己的领导、让他做主。你向他请示表示你尊重他，任何时候都不要剥夺他做决策的权力。

即使你能做主，也要请示上司下达指令，因为你不能剥夺上司的权力，没有请示就是一种对权力的剥夺。

即使你能做主，也要请示上司的意见，哪怕只是走个形式。但是鸡毛蒜皮的事情不要请示领导，可以在你请示其他事情的时候，说完重点之后顺便用一两句话提一下你的那些小问题。

请示即尊重，请示永远都是自下而上的，而指示永远都是由上至下的。请牢记：让上司做主，你才是对的。

但是注意，千万不要越级请示，越级请示是架空你的上司，是大忌。

请示的时候一定要杜绝"想当然"和"我以为"，因为上司会和你想的不一样。

如何向你的领导请示工作？请示有 3 种形式，如图 1-3 所示。

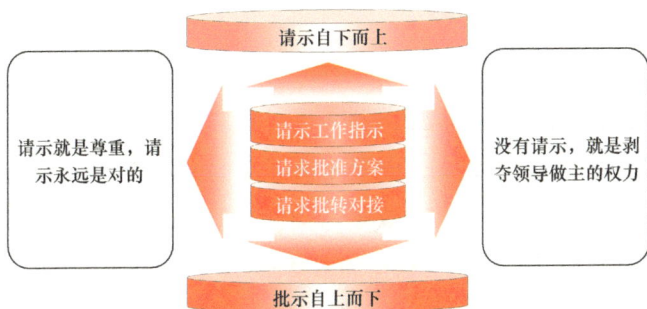

请示自下而上

请示就是尊重，请示永远是对的

请示工作指示
请求批准方案
请求批转对接

没有请示，就是剥夺领导做主的权力

批示自上而下

图 1-3　请示的 3 种形式

请示内容 1 ▶ 请求上级给予工作上的指示

请求给予工作指示比较好理解，如你请示自己的领导："蒋总，下个月我们工作的重点是什么？"

其实你的工作未必需要他的指示，但是你这样向他请示，他会觉得你尊重他。如果领导的指示和你本来的工作计划一致，那就太好了，这样即使你按照自己的步调去工作，他也会觉得你是按照他的指示在工作，有一种成就感。如果你没有请示过他，而是按照自己的计划工作，很可能你做完会受到批评，吃力不讨好。请示他有助于你及时修正自己的工作方向。

请示内容 2 ▸ **请求批准方案的请示**

请求批准方案是你请求上司批复自己的方案，如 "蒋总，您看我上周给您提交的方案怎么样啊？您有什么看法吗？"

请示内容 3 ▸ **请求批转对接的请示**

请求批转对接的指示是在需要跨部门沟通的时候，有时跨部门的资源你没有办法支配，你就要请求自己的上一级领导，请他帮忙对接。

如果你直接请求跨部门的资源，肯定得不到对方的回应，但是你的上司出面，那问题就简单多了。

我在这里提醒大家，向上司请示工作并不难，难的是突破心理这一关。很多人不喜欢受约束，但是在职场上，只要你是别人的下属，就要记住：**做主的不是你，千万不要帮上司做决定。**

🕐 **互赖原则：** 互赖有度，完美诠释能力、资源互补

在向上管理中，优秀的下属跟上司的关系是基于互赖原则的。

下属依赖上司，会让上司感觉到自己的强大，了解到你的工作能力，就可以让你在工作上不会遇到什么大麻烦了。

上司依靠下属，会让上司对你完成工作给予支持和帮助，或者依靠上司和企业的其他部门建立联系并获得资源。

不过，下属和上司的这种互赖原则要有一个度，这就需要双方认真了解对方和自己，尤其是关乎对方和自己的优点、缺点、工作风格和需求方面的东西。双方可以利用这些信息来发展和管理一种健康的上下级关系——一种与双方的工作风格和长处都能协

调一致的关系，并能包容对方最苛刻的需求。这样就能够让双方完美诠释能力、资源互补了。

下属要想走进上司的内心，需要仔细观察来发现上司工作中行事的动机。

~~~~~~~~~~ **情境** ~~~~~~~~~~

设计部小乖的上司王小姐是公司里的传奇人物，是组织花费重金挖来的设计人才，有丰富的设计经验和过人的才华。

但是王小姐进入公司之后发展得并不好，原因是王小姐虽然同时具备经验和才华，却不擅长和客户沟通。每次团队协作完成的出色方案，到了向客户沟通汇报的环节，王小姐总是做得不好。

小乖注意到了上司的短板，于是她开始在工作间隙锻炼自己的沟通能力和汇报能力。后来在需要和客户沟通的时候，小乖主动请缨，陪着王小姐一起去和客户沟通；就这样，在客户提问的时候，小乖也承担了大部分的回答任务。上司开始依赖小乖，小乖也依赖上司。设计一直是小乖的短板，上司就帮助她提高，给予了她很多指导。

就这样，两个人配合起来，由王小姐带队设计和执行，由小乖帮助王小姐与客户沟通。两个人的合作竟然发挥出了极大的效用，出色地完成了一个又一个的订单，她们所在的团队在年底也获得了公司发放的巨额奖金。

~~~~~~~~~~ **情境解析** ~~~~~~~~~~

与上司共赢的重要内容之一，就是和上司形成互相依赖、优势互补的关系。当你能够让上司依赖你时，就表示你在职场中成熟了。

一个人在职场中的成长，由 3 个阶段组成，如图 1-4 所示。

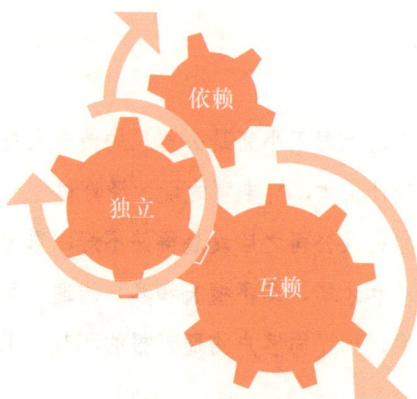

图 1-4　职场成长的 3 个阶段

第一个阶段 ▶ 依赖

当一个人从一个环境进入另外一个环境，如从学校进入职场、从旧公司到新的公司时，都会依赖自己的上司。

到了一家企业，你通过什么方式了解企业文化？通过什么方式了解人际关系？通过什么方式了解经营状况？这时你能选择的只有依赖你的上司。 别人和你没有关系，你的上司会为你负责。

在依赖上司的阶段，你一定不要以自我为中心。

如果你有卧薪尝胆的心态，那么你的依赖时间会很短，甚至只用一年就能进入独立阶段。而一个以自我为中心的人的依赖期会很长。

在依赖阶段，你的重点是学习。

第二个阶段 ▶ 独立

你了解了企业文化，熟悉了业务流程，工作能力也提高了，自我管理的能力也不错，局面打开了，那么恭喜你，你进入了职场中和上司关系的第二个阶段：独立。

独立意味着你开始独当一面，这一阶段你的重点是成长。这个成长主要是在业务能力上的成长，你要开始学会承担许多新的责任。

在这个阶段一定要注意，独当一面不等于独占一面。让你独立不是让你独揽大权，不是让你目中无人。有的人刚刚独立，就看不起自己的上司，那他的发展必然会被压制。

在独立阶段，你不必再依靠他人。独立，是职场成熟的一种表现，是你从一个新人到成为企业内的重要一员必须经历的一课。

独立要着眼于"我"的观念而不依靠他人。独立的时候，你要以自我为中心，凡事不要总想着依靠上司。

依靠自己的力量和能力做一件事就是独立，独立是职场成长的必经之路。把领导授权给你的事情做好就是独立的开始。

第三个阶段 ▶ 互赖

当你承担的工作越来越多，独当一面的时间越来越多，工作几年后，你的业务技能也将熟练，这时你的上司开始看重你、把重要的工作交给你。那么恭喜你开始进入第三个阶段——与上司互赖的阶段。

互赖，是指你和上司互相信赖、互相依赖。这时，你和上司在能力上各有千秋，无法取代彼此，你们能够发挥彼此的专长，在

一起优势互补。

互赖阶段是鱼和水的阶段，你要以"我们"的心态和上司相处。我们是什么？是大局。须知你和上司是利益共同体。

你永远要记住：你的上司比你的经验丰富，比你的人际资源丰富，领导对他的信任也比你多，你能够掌握的只是你的专业能力，你们的资源、能力需要互补。

在互赖阶段最容易犯的错误就是认为自己翅膀硬了、可以丢开上司了。如果你这样想，那你失去的将不仅是组织的信赖，还有工作上的同盟。

有的人经历以上3个阶段用了两年，有的人用了三五年，但是有的人——如我曾经的一位同事，他用了八九年仍然没有走到互赖阶段。

互赖最终走向的是团结，你和上司会越来越团结，你们会拥有一种坚实的信任。

功劳原则：你把荣誉给上司，上司回馈你好机遇

人在职场，我们无论是处在哪个层级的员工，都要先成就自己的上司，因为你只有成就了自己的上司，以后才有可能被上司成就！从这个角度来看，某些项目即使上司没有参与具体工作，但是事情成功后，你一定要把功劳让给上司，要充分强调是在上司的英明指挥下才成功的。

把自己应得的嘉奖和荣誉让给上司，这是最明智的做法。当你大方地把功劳让给上司，上司一定会对你产生好感的，并且总有一天会设法还给你这笔人情债，同时也会给你再次建功的机会。这对你来说是稳赚不赔的"买卖"。

情境

我有个学员是一名优秀的软件工程师。一次，他所在的部门承担了公司总部分配的一项重要任务，上级领导专门指定他担任项目负责人。经过连续三个月的奋战，他带领大家不但圆满地完成了任务，还比预期的提前了半个月。

由于此次项目跟总部直接对接。在工作过程中，总部负责人对他十分赏识，所以，决定对他进行单独嘉奖。

这位学员考虑到部门经理为完成这个项目也付出了不少努力，为了将来在工作上可以获得上司更多的帮助，他主动向总公司提出，完成任务的主要功劳要归功于部门经理。

总部和部门里的同事对他把"功劳"让出去感到不解，他也不解释，像以前一样继续努力工作，完全不把这件事情放在心上。在此后的一段时间里，有人来询问那项科研任务由谁实际负责时，他仍然回答是部门经理。

部门经理受到嘉奖后，对他心存感激，工作中总是积极配合他。两年后，上级分给他们部门一个出国学习半年的名额。部门经理立刻把这个名额给了他。

情境解析

不过，我必须提醒的是，你把功劳让给上司后，绝对不能在人前到处宣扬。否则，你的善意会化为乌有，还可能给你带来更大的麻烦。所以，你若不能保证守口如瓶，建议你还是不要让的好。

真正聪明的员工，都能够做到适时地把自己的功劳归于上司，永远不让自己的光芒遮盖上司，也就是切勿冒犯上司，不抢上司的风头，永远让那些位居于你之上的上司享有一种优越感。这么做虽然会委屈自己，但人在职场，做上司当然要光彩夺目，而下属相比之下自然应暗淡些。

上司也是普通人，如果你表现得比上司能干，上司自然容不下你。想办法让上司看起来比一般人要高明得多，不让上司觉得你对他是有威胁的，能够做到这些，你自然就能够获得职位的提升。

所以，功劳原则在职场中非常重要。任何时候你都不要和上司抢功劳。关于功劳原则，我经过多年的职场历练得出来以下 5 种剖析方法，在这里分享给大家。

剖析方法 1 ▶ 你的功劳就是上司的功劳

不要说"我开发的这个产品非常好"，而要说"我在上司的指导下，开发的这个产品非常好。"永远记住，你的功劳就是上司的功劳。

剖析方法 2 ▶ 上司的功劳永远是上司的功劳

一个下属所做的最愚蠢的事情就是和上司抢功，有些人在处理任何事情时都要把自己放在高位，什么事情都要强调自己的功劳。即使他的功劳很小，主要是靠上司完成的，他也要强调自己的功劳。这就是和上司抢功劳。如果你和上司抢功劳，结局可能就是你在失去功劳的同时也失去上司的赏识。

剖析方法 3 ▶ 得到上司的肯定就是自己的功劳

刚刚进入职场，静下心来工作，提升自我、锻炼能力比什么都重要。

初入职场的人很容易犯的错误就是把任何功劳都看得很重要，恨不得把所有功劳都归于自己，其实这是不利于长期发展的。对于职场新人来说，努力工作、提升能力、获取上司的信任和肯定才是这个阶段的努力方向。

剖析方法 4 ▶ 能得到组织的肯定是上司的功劳

多年前的一天，我到我所在的集团办事。我的级别并不高，像我这个级别的人全集团有上百个。我在办事时，遇到了我上司的上司。

他说："你上次在武汉参与做的策划案很不错，很多人连夜排队买我们的产品。"那个策划案虽然是我做的，但是其实是挂在营销总经理名下提交的。我没有想到，营销总经理在汇报的时候也提到了我。

当你能够得到上司的肯定时，那一定是上司的功劳。

剖析方法 5 ▶ 有功劳的时候你很快会成为别人的上司

最初先把功劳让给上司，然后得到上司的肯定，接着上司开始把功劳归功于你。你有功劳以后，离升职也就不远了。

担当原则：你在工作中有担当，上司才会委以重任

对于上司来说，非常欣赏敢于担当的下属。在上司看来，下属的敢作敢当等于是让上司吃了定心丸。身为下属，要想获得上司的赏识，除了在上司面前袒露自己的担当之外，还要在工作中完美体现出来，这样会让上司感受到你的赤胆忠心，让上司既欣赏你、信任你又喜欢你。

所谓担当，其实就是在工作中具有承担责任的勇气。当上司

对你进行工作安排的时候，你要巧妙地运用自己的担当之言，让上司放心。我这里讲的"担当"之言，相当于保证书。古时称之为"军令状"。

　　当你在上司面前写下接受某项重大任务的保证书后，上司嘴上不说，心里对你是很信任的。对于下属来说，保证书会成为自己的一种动力，促使自己更高效、更快速、更完美地完成工作。

　　更为关键的是，在你向上司表露担当之言的时候，上司很容易会被你的赤胆忠心感动。

～～～～～～～～～～　**情境**　～～～～～～～～～～

　　苏维和徐宁是同一个公司的员工，他们是同一天进入公司的，学历相当，都对工作很认真，业务能力也不相上下。领导对他们的表现很满意。不过，最近发生的一件事让他们的职场命运发生了改变。

　　一次，领导派苏维和徐宁负责把一件大宗商品送到客户指定的车站。这件商品很贵重，也是易碎商品。他们出发前，领导反复叮嘱他们要多加小心。

　　虽然他们一再小心，但送货车开到半路就坏了。

　　徐宁说："怎么在这个节骨眼上出了问题，你开车前应该检查一下，要是不按规定时间送到客户那里，我们会被领导批评的，还要被扣奖金。"

　　苏维说："我们想一个解决问题的办法。这样吧，我力气大，我背着商品送到客户那里，反正离车站不远了，而且还能抄近路。如果等着把车修好，我担心客户坐的火车开走了。"

　　"好好，既然你力气大你就背吧，反正你比我强壮。"徐宁说。

苏维背着商品一路小跑，终于按照规定的时间赶到了车站。这时，徐宁说："你背了这么长时间，我换你一下吧。你到前面去叫客户吧。"

徐宁心里打着小算盘，这是公司的大客户，客户要是看到自己背着商品，说不定会把这件事告诉领导，以后对自己升职、加薪都有好处。或许是想得太投入，当苏维递给他商品时，他一失手，没接住，商品掉在了地上，"哗啦"一声，商品摔坏了。

"你怎么搞的，我还没有伸手接你就放手了。"徐宁急得大叫。

"我看你明明伸出手了，我递给你，是你没接住。"苏维如实说道。

苏维和徐宁都知道，价格贵重的商品碎了意味着什么。不但会丢了工作，还可能要背负赔偿商品的沉重债务。果不其然，领导知道此事后，狠狠地批评了他们。

"领导，不是我的错，是苏维不小心弄坏的。"徐宁趁着苏维不注意，悄悄地来到领导的办公室，向领导告状。

领导听了，平静地说："谢谢你，徐宁，我知道了。"

接着，领导把苏维叫到办公室："苏维，你是怎么摔坏商品的？"

苏维把事情的原委如实地讲给领导听后，说道："这件事情确实是我们的失职，我愿意承担责任。另外，徐宁的家境不太好，如果可以的话，他的责任我也来承担。我一定会弥补我们的损失的。"

领导听后没有说话，只是示意苏维离开。

苏维和徐宁一直等待处理的结果。

一周后，领导把苏维和徐宁叫到了办公室。领导对他俩说：

"公司一直对你俩很器重，想从你们俩当中选一个人担任客户部经理，没想到出了这样一件事，不过也好，这会让我们更清楚哪个人是合适的人选。"

徐宁暗喜：看来这个客户经理非我莫属了。

领导接着说："我们决定请苏维担任公司的客户部经理。因为，一个能够勇于承担责任的人是值得信任的。苏维，客户的商品的钱，以后你就用你赚的钱偿还吧。徐宁，你的那部分自己想办法偿还给客户。对了，你明天不用来上班了。"

"领导，为什么？"徐宁问。

"其实，客户已经看见了你们在递接商品时的动作，他对我说了他看见的事实。还有，我也看到了出现问题后你们两个人的反应。"领导意味深长地说："苏维选择站出来承担这个责任，而你选择把责任推给别人。"

情境解析

上面的这个故事给我们的最大启示是要勇于承担责任，这也是优秀员工和平庸员工的差别。对我们每个人来说，勇于承担责任是必备的品质，也是在职场中生存的基本条件。一个人无论职位高低、能力大小，无论身在何种性质的企业，都必须立足本职，在自己的岗位上独当一面，并肩负应有的责任，这样才对得起自己的薪水和良知。

人无完人，都会犯错误。犯错误不可怕，可怕的是不敢承担责任，并且还要找各种借口推卸责任。久而久之，就会养成一犯错误就推卸责任的习惯，一旦形成这种习惯，就会让你在屡次犯错后也找不到问题的根源，永远无法进步。身为员工，如果缺乏担当精神，会在工作上屡次犯错，给公司带来损失。领导选择苏维当客户经理，是明智、正确的决策。苏维不但在出现问题时勇于担当，而且还能为他人着想，同时找到解决问题的方法。徐宁非但不敢担当，还把责任推给同事。从这一件小事中，就能看出徐宁对工作没有责任心。如果徐宁当了客户经理，他一旦犯错，不但会给公司带来损失，还会把责任推给不相干的同事。

可以说，在任何一家公司，徐宁这种没有担当的员工对公司都是一种潜在的危险。所以，我们无论是做员工，还是做管理者，都要勇于担当，对企业、客户和社会负责任，做有价值的事，做有价值的人。敢于担当的人在面对问题时，不推辞、不责备，会诚实地面对，实实在在地解决问题。这种人会让人放心和信任。他们通过担当责任来解决问题，不断提升自己的能力。

每个职场中的人都应该明白，对工作负责是每位员工应有的品质。社会学家戴维斯曾说："放弃了自己对社会的责任，就意味着放弃了自身在这个社会中更好地生存的机会。"同理，作为员工的你，若是放弃了对工作的责任，就放弃了自己在企业中更好地发展的机会。任何企业都不愿意雇用缺乏责任感的人，这类人即使侥幸留在企业，也不会取得大的成功。

人在职场，只有勇于担当、敢于担当，才能在遇到问题和困难时，不断地进步，不断地完善自己。

分析1 ▶ 勇于担当，就是对工作要有责任心

在职场中，责任既是权利也是义务。一个人若勇于承担，敢于担当，尽职尽责，就没有做不好的工作。勇于担当就是工作有责任心，作为职场中的一员，你应该对得起自己的岗位，尽力完成自

己的工作；承担应有的责任，把工作做到极致。而不是一遇到困难就变成一个充满负面情绪、重复犯低级错误、工作马虎、拖拉的人。

分析 2 ▶ 勇于担当，让你在岗位中更好地发挥自己的作用

在工作中勇于担当，就是在工作中要敢于做决定，不要什么事都依靠领导或上司，要履行自己的岗位职责，发挥自己的作用，为公司和老板带来更多的效益。

分析 3 ▶ 敢于担当责任，会让你迸发出卓越的执行力

一个人只有迸发出卓越的执行力，才能在工作中脱颖而出，取得优异的成绩，自然也会比他人更容易取得事业上的成功。敢于担当责任，会使一个人勇于完成工作任务，积极主动地为组织的发展尽最大的努力，这样自然会赢得公司领导的赏识，获得更多的培养机会。敢于承担责任，还会使一个人的人格变得更高尚，并会得到老板、领导、同事和客户的尊敬。这些都是一个人走向成功与辉煌的基础。

🕐 与上司共赢之道：经营好你的"VIP大客户"

在职场中，每个人都想创造业绩，你的上司和领导也不例外，所以要尽可能地辅助他们创造业绩，这是一个下属应该承担的责任，并且在完成这个责任的同时，你自己的利益也会得到满足。

〰〰〰〰〰〰〰　　情境　〰〰〰〰〰〰〰

在 2019 年的热播剧《都挺好》中，姚晨扮演的明玉，在短短 10 年中，从一个销售新手升为年薪百万、住着高档别墅、

开着豪华轿车的集团老总，就是因为她跟对了上司——蒙总。

蒙总原本是一家公司的副总，明玉是他的下属。在工作中，明玉干劲十足，很快就因为销售业绩好为她的上司蒙总赢得了升职，所以，她深受蒙总的赏识和信任。

可惜的是，年轻的明玉一心一意冲业绩，竟然误入了对手的圈套，工作上的巨大失误让她险些遭遇牢狱之灾。被公司辞退的明玉，在走投无路想要投河自杀时，被蒙总救起。

蒙总为了明玉，也从公司辞职创办众诚公司。销售天才明玉成为蒙总的得力助手，使得众诚在几年后就成为即将上市的集团公司。

蒙总发达后，对明玉一再提拔，委以重任。此时的明玉，身价过千万元，在她所在的行业更是大有名气，可谓名利双收。

情境解析

明玉年纪轻轻就拥有豪宅、别墅等千万资产，虽然说这与她的销售天赋、努力工作密不可分，但如果没有蒙总这个伯乐提携，明玉这个千里马怎么能在这么短的时间里获此殊荣。我们从蒙总为了明玉也辞职离开原公司，甚至还救起了企图自杀的明玉中，可以看出，明玉当年在蒙总手下工作时，是怎样的忠心耿耿，并且用她的奋斗拼搏为蒙总赢得过多少名和利，才令蒙总对她如此厚爱有加。

人心都是肉长的。你对别人好，别人对你就好。这就是人们常说的：别人是你的一面镜子。你努力工作，为上司赢来升职和利益，上司也会加倍对你进行提拔，尽全力让你得到利益。

从这点来看，上司与下属的关系就像一个绳子上的蚂蚱，一荣俱荣。所以，下属要想实现与上司的共赢，就必须维护好和上司的关系，最好把上司当成你的"VIP 大客户"来经营。

为什么这么说呢？

其中的道理非常简单：你的上司得到公司的提拔，你也很可能会得到你上司的提拔；相反，如果你的上司不被公司看好甚至被解雇，那么作为下属，你的处境同样会很不乐观，随时有被公司解雇的危险。一位管理学大师曾经说过："为一位优秀的老板工作是成功的一条捷径。"

通常你的上司想要获得的职位，比你想要获得的职位实现起来困难得多。公司大多是金字塔形的管理架构，越靠近金字塔顶端，职位就越少，竞争也越激烈，所以上司对下属的行为非常在意，时常会担忧来自下属的威胁。

通常你的上司心中会这样掂量你：他值得我信赖吗？他是否会把我拉下去？所以，你需要想办法打消上司心中的顾虑，让你的上司知道，你是他的得力助手，他的利益和你的利益是相同的，你会帮助他争取他所需要的，以此将你的忠诚展示在他面前。

那么，如何将你的忠诚展示给你的上司、取得他的信任呢？分析你上司的处境是必须做的一件事情。**作为下属，你应该考虑如果你的上司升迁，将会对周围的人、事、物产生哪些影响？你的上司在公司中的名声如何？他和他的上司的关系如何？作为下属，你该如何帮助你的上司？什么事情会不利于你的上司的升迁？**

想要完全了解你的上司，只需要把握一点即可，那就是把你的上司当作你重要的客户来对待！

上司对下属的职场道路有着至关重要的影响，所以每个下属都应该将自己的上司当作自己的重要客户来对待。就如同一个出色的业务员在面对一个客户时，不会被动地等待客户自己提供信息，而是会分析、推测客户，搜集客户的相关信息，找到客户真正的目的或所需要的东西，然后主动出击。出色的下属同样也会这样做，他不会如同木头人一般等上司吩咐才去做事。

很多员工认为：我只需要做好自己的工作就可以了，至于上司的发展前景如何和我没有什么关系。但是实际上，如果你想要在公司中有所作为，就必须得到你的上司的支持，他对你有着至关重要的作用。

换一个角度说就是，**谁能够让员工在工作中做出一番成就，员工就必须为这个人负责。**所以，你的上司的困难就是你的困难，他的需要就是你的需要，你要主动为上司解决问题，这是首要的事情。

当意识到上司对自己的重要性之后，下属可能会经常思考"上司究竟想要什么"这个问题。上司通常不会直接将自己的希望说出来，所以这就需要下属猜测上司的心理，这点非常重要。

以下 4 个步骤可以帮助你分析上司的心理。

第一步 ▶ 了解你的工作目的

例如，你的上司要求你做一个工作计划表，在你动手做之前，先要思考：我做这个表格的目的是什么？谁会看这个表格？看的人希望从这个表格中得到什么？通过这些问题，你可以找到自己工作的目的。

第二步 ▶ 分析上司过去的言行

回忆自己在公司的所有经历，然后回答以下问题：**上司曾经为什么事情赞赏过我？在哪些事情上，上司指导过我？我因为什么事情被上司批评过？我的上司是否曾经和我说过他的目标和希望？**

上司过去的这些言行，应该成为你的行为准则。

第三步 ▶ 分析你的工作现况

上司希望我现在做什么？公司中谁是他欣赏的人？目前他对我有什么要求？ 请找出这些问题的答案并写出来，通过这些来分析你的工作现况。

第四步 ▶ 了解上司的想法

方法1 ▶ 了解上司对工作的看法会对你有所帮助

你可以问："经理，你刚进入公司的时候是怎么看待工作的？在工作中，哪些地方能够引起你的重视？"

方法2 ▶ 探询上司对待用人的看法

你可以问："您觉得最近来公司工作的小王怎么样？"（为了不引起主管的猜忌，以刚进公司的新人为对象进行询问比较合适。）

方法3 ▶ 你可以正面提问："您觉得我现在有哪些不足的地方"

上司通常希望自己的下属做到以下几点：学会尊重他人，一个不懂得尊重他人的人不会受到任何人的欢迎；定期主动汇报自己的工作情况，不要等上司询问才汇报；能够按照计划实现业绩目标，不断向前迈进；愿意学习，不断接受新的挑战，有担当；对他人的意见能够虚心接受；有团队精神，将自己看成团队的一部分；能够从公司的大局出发考虑事情，而不是单单计较个人得失；永远将客户放到第一位；知道公司的目标是什么，并且会经常问："为了实现目标，我们还需要做什么？"

三步骤 3 做上司眼中的优秀员工：工作"五位法"让你做更好的自己

定位：找好工作目标，做最擅长的事情

在职场上，一个优秀的员工必须具备三点：一是良好的职业道德，二是超强的工作能力，三是跟上司搞好关系，争做上司眼中既有才又有德的优秀员工。

作为下属，要想让自己在工作中和上司完美地配合，需要为自己准确定位。如果你是做销售的，那么谈客户、签大单，为公司多创造业绩就是你的工作职责，而招聘员工就不是你的职责范围；如果你是做文案的，那么写好产品宣传语就是你的职责，而管理员工就不是你的职责范围。

那些工作做得出色的员工，不但不会做自己工作范围外的事情，还会把自己的特长在岗位上淋漓尽致地发挥出来，既为公司做出了贡献，又让自己功高不震主，同时还让自己实现了人生价值！可谓是三全其美——这样的下属才是上司眼中最优秀的员工。

总之，你时刻要摆正自己的位置，搞清楚自己的岗位职责和权限，搞清楚上司对自己的期望和不满，定好你的位，扮演好你的角色，把握好工作分寸，管理不巨细，参谋不决断。做到不揽权、

不越权、不越位、不缺位。尽全力做最好的自己，即"找好工作目标，做最擅长的事情。"

　　在职场中，一个很重要的法则就是要出力而不要越位。不越位就是不越过你的位置做事，不越过领导的位置做事，不挑战领导的权威。

　　一个人如果不清楚自己的角色、自以为是，就难免会越位。我所在的行业，每年的 10 ～ 12 月是最忙的时候，我会把各个部门的领导组织起来，成立一个项目突击小组，整合本年度的资源（资源包括财务资源、人力资源、物力资源）。突击小组的领导是临时委派的。

　　一次，我指派其中一个人主管物力资源的调配，可支配金额有几百万元。结果项目做完后他沾沾自喜，觉得自己很了不起，做事也变得浮躁起来。到了第二年，我也就不再调配他担任这个职务了。

　　如果你没有明确的定位，在职场中就很容易越位。当你越位时，你的上司就会受到威胁，你的职位也就不稳了。所以，**在职场中，找准定位、出力而不越位是每个人都要遵循的法则。**

　　那么，你该如何定位自己呢？

　　定位就是找到你在组织中的位置，定位是你对自己的评估和了解，定位告诉你该做什么、不该做什么。

　　定位就像打篮球，上场之前，你必须先明确自己的位置：你是前锋，还是后卫？这点要清楚。

把公司对岗位的需求转换成自己的工作目标

一位从办公室助理做起、通过数年的努力最终成为一家上市公司总裁的成功人士，总结自己的经验时说："我担任过许多职位，不论是什么职位，当处于这个职位之后，我要做的第一件事就是了解这个职位的要求，然后将这些要求作为我的工作目标。'我为什么要这样做？'这个问题我不会思考。我只知道这些就是自己的目标，目标就是自己的动力。我要思考的是如何实现这些目标，然后按照计划进行。"

让你的心态适应你的位置

会议在职场中是必不可少的，任何一个职场人都参加过许多大大小小的会议，部分人还主持过会议。你在会议当中扮演的角色不同，决定你要做的事情也不同。如果你参加会议的讨论，那么你可以尽情地发表自己的看法，和他人讨论；如果你是会议的主持者，那么你的看法就是次要的了，你要做的是让与会者畅所欲言。如果主持者只顾发表自己的看法而忽略了其他参与者，那么这个会议肯定是一场失败的会议。

清晰地了解自己在公司中所处的位置是你必须做的，员工在不同的岗位上扮演不同的角色，不同的岗位需要的工作技能也不同，你要不断地检查自己是否具备这些工作技能。除了使自己的工作技能满足岗位的需要之外，你还要随时保持良好的心态。心态对于岗位十分重要，不同的岗位所需要的心态也不同。一些员工在被调到新岗位之后，只关心自己是否拥有岗位所需要的工作技能，而不注意自己的心态是否与岗位相符合，结果同样无法做好工作，增加了企业内耗。同时，一个人对事情的判断也会受到心态的影响，心态不端正，工作当中就会出现差错，甚至怀疑自己的能力。

在同样的工作环境中，为什么有人能够每天积极快乐地工作，而有人整日垂头丧气、消极怠工呢？面对工作上的挫折，为什么有人能快速从挫折中走出来，重新振作精神，投入工作，而有人遭遇挫折之后就不停地抱怨、失落，不断散发负能量，无法进入工作状态呢？

很少有人会注意这些事实。员工应对自己产生期望，而不是对周围的环境有过多的要求，因为这些要求通常是不现实的。

很多人总是在抱怨自己的工作环境如何糟糕，实际上工作环境的好坏往往取决于我们的心态如何。每个人都期望自己能在一个制度健全、领导英明、同事友善、客户善解人意的环境中工作，但是在现实中有这样的工作环境吗？即使有，也非常罕见。

遇到和自己的想象有差距的工作环境时，用什么样的心态面对尤其重要。你不能掌控周围的工作环境，但是你可以掌控自己的心态。无论周围环境如何，做好自己应该做的事情，是很重要的。

很多公司在招聘员工时通常有学历要求，但是学历不是用人公司最注重的，能力才是。能力是一个人综合素质的体现，学历不等于能力，有学历不代表就有能力，正确的工作态度也是能力的重要表现。

能力是沟通加上专业知识和工作心态的结果，这3个要素中缺少任何一个，都会令能力不足。心态在这里面起着最重要的作用。专业知识、沟通技巧都可以慢慢学习，但心态不能慢慢习得，很多人忽视了心态所起的重要作用。

定位就是做你擅长的事

我曾碰到过一个业务员，他外表普通，言辞也很朴实，不同于那些伶牙俐齿、八面玲珑的业务员，但是他对自己所销售的产品非常了解，让人感觉非常踏实、放心。一次，我对他们的供货很不满意，但是鉴于平时的成功合作，我还是选择与他继续合作。

而他对供货上出现的问题十分有耐心和诚意，不断和我沟通，提出各种补救方案，直到我满意为止。他认为和目前这笔订单的利益相比，长久的客户关系更重要。之后我对他更加信任，因为他具有大部分业务员所不具有的职业素养。

因为他业绩优秀，公司领导曾想让他做销售主管，但是他婉言谢绝了。对此我十分不解，问他为什么不接受升职，他回答说："我很适合做销售员，因为我知道如何去做，但是我不懂得如何管理，所以销售主管可能并不适合我。而且现在我业绩不错，收入不一定比主管少，那我为什么要做主管呢？"

他对自己的定位非常准确，知道自己在公司中的位置，之后他的上司也意识到，比起销售主管他更适合做销售员。

他选择适合自己的职位，而不是不断向上爬，这很难得。

到位：有针对性地工作，超出上司的预期

对下属来说，所谓"到位"，就是把上司交给你的工作做到让上司满意，甚至超出上司的预期。

工作到位，体现在按领导要求和意愿完成任务的基础上。如果你的工作不能做到到位，不管你找什么理由，都会惹来上司的不满。久而久之，势必造成上下级的关系出现明显的疏远，而且

还会渐行渐远。

一位会计认为上司对他的要求太严格，所以对上司抱怨。

上司反问："在每个星期五下午下班之前将所有的账目核算清楚发给我，格式要求按照标准，不能有任何错误。这些要求难道不是对一个会计的基本要求吗？"

会计说："没错，这些都是我的工作，可是其他部门的人周四下午才把账给我，一个上午我根本做不完，所以才会出错。"

主管说："做错事还找借口？把工作做到位本来就是你的职责。其他部门把账交晚了，你就应该加班完成。即使不加班，向我申请晚一点儿交也可以，工作不应该出错。"

这样的争论在许多公司会发生，通常是员工认为上司对他们过于苛刻，员工的心声常常是这样的：

晚一点儿也没关系，为什么一定要那么苛刻呢？

做错一点儿也没事，错了改过来不就行了？

谁的工作还能保证完全不出错啊？

…………

如果你这么想，就大错特错了。这是因为上司在分工作给你时，认为这工作是你职责内的，交给你，你必须按他的要求完成。一旦你不能如上司所愿完成任务时，上司对你的印象会大打折扣，理所当然地认为你是不称职的员工。所以，要想成为上司眼中的优秀员工，你必须把工作做到超出上司的预期。

那么，如何才能让自己把工作做到超出上司的预期呢？

这需要你主动调整上司对你的期望。也就是说，你在接受工作之前，要清楚上司的期望标准，然后根据上司的期望去有针对性地工作，从而为自己创造一个良好的工作环境。

例如，上司在交给你工作时，如果上司没有对你的工作提出具体要求，你就主动找上司沟通，在找上司之前，把你对此次工作的想法、做法、建议想好，力求从此次沟通中了解到他对工作完成时间的预计，然后再根据自己的实际情况，预估出工作时间，如果工作难度小，你就提前几天完成；如果工作难度大，你就延后几天。再把具体日期告诉上司。

这样一来，上司对你的工作进度就有所了解了，这样既让你有了在上司面前表现的机会，又让你避免了因为工作不能按时完成而给上司制造麻烦。更重要的是，你跟上司的不断沟通，会让你们建立起彼此信任的关系。

下面，就为你提供两种管理超出上司预期的具体方法。

第一种方法 ▶ 管理好上司对你的预期

作为下属，不论你的工作能力如何，首先考虑的就是如何能够让上司认可你的工作。想要让上司认可你，就需要知道上司对你的预期。例如，上司让你做一个方案，周四要用，如果你在周二就完成，你就超过了上司的预期；反之，如果周五才完成，你在上司心中就会留下不好的印象，这对你以后的工作十分不利。

第二种方法 ▶ 从细节开始管理上司对你的期望

作为下属，你可以主动了解上司的期望。首先要了解上司的期望标准，之后根据上司的期望有针对性地工作，从而给自己创造一个良好的工作环境。例如，当你接到一项工作之后，虽然上司没有对此提出具体要求，但是你可以主动和上司讨论，将你的想法、做法告诉他，或者让上司将他的想法告诉你。

在开始工作之前，提前和上司沟通你完成工作的预计时间，例如，"这件事我提前一星期就能完成"或"根据之前的工作经验，完成这项工作可能要比预计的时间向后延迟 2 天"，等等。这样在工作之前就让上司有所了解，取得表现自己的机会或者避免因为完成时间的延后而给上司制造麻烦，同时也会建立起良好的信任关系。

完成工作，有时就是一个从 0 ~ 10 分、从无到有的过程。有时，上司交给你的工作，他自己也不知道该如何完成，你找上司讨论的那些问题，可能上司也毫无头绪。

下属容易犯的一个错误就是认为上司可以解决任何问题，认为自己毫无头绪的问题只要交给上司就能解决。事实并非如此。所以，当你有问题需要上司解决时，最好能带着你的想法，即使你的想法还未成熟到能够形成方案，至少也能提供一个解决思路。如果你没有办法把事情做到 10，那么至少不要带着 0 去找你的上司。有时，你只是带去了一个 1，你的上司或许就能触类旁通，找出更好的解决办法。

补位：哪里需要你，你就到哪里

我这里提到的"补位"，就是指在工作过程中，上司安排你做什么你就做什么，哪里需要你，你就要到哪里去，听从上司的指挥，服从上司的安排，不要有任何借口，更不能有任何怨言，不要计较个人的得失，一切以公司大局着想。同时，还要尽自己最大的努力把工作做到极致，这才是上司眼中合格的员工。

除此以外，你还要在工作过程中自律、负责，不管上司在不在，不管上司检查不检查你的工作，你都要尽心尽力做好自己的本职工作。

情境

王先生是某投资公司的运营主管。他进入公司之后，仅用了一年就升到了现在的职位，而很多和他同时进入公司甚至早他几年进入公司的人到现在还停留在原地。谈到自己的成功经验时，他说："这和上司对我的态度有密不可分的关系。

我做任何工作都有明确的目标，每项工作我都会出色地完成。同时，我还帮助上司完成任务，和上司形成了互补——当上司碰到了着急处理或者棘手的事情，我就主动接手去完成；在完成之后，我也不争抢功劳。上司受到了公司的器重，而我受到了上司的器重，这样我就成了上司的得力助手。有了晋升的机会，上司首先考虑的自然是我。"

情境解析

补位就是哪里需要你，你就到哪里，尤其当上司需要你去补位的时候，你更需要及时补上。你补位的次数越多，上司对你的信任也就越多。你及时补位帮别人做了事情，当你需要帮助的时候，别人也会帮助你。

案例中的主人公是一个非常聪明的员工。他明白在公司中，上司通常需要下属的帮助，需要一个能够替自己解决问题的助手。所以，一个优秀的员工能够在工作中做到以下两点。

第一点 ▶ **主动帮助上司完成工作**

了解自己的上司目前正在努力完成的任务是什么，知道之后要主动补位，如帮助上司承担一部分工作。当工作完成之后，上司对你的看法就会有所变化，他会将你当成一个有价值的团队成员，认为你能够分担他的工作。当有提升下属的机会时，你就是他优先考虑的人选。

第二点 ▶ **能够随时在团队中做"补位者"**

当团队其他岗位出现空缺时，或者成员能力不足不能完成工作时，你要能补充上去。一个善于补位的员工是职场中最不可缺的人。补位的本质是在上司遇到麻烦时，你能够主动站出来，解决他所遇到的麻烦。

站位：你站在哪儿，就站好那班岗

当我们选择了一份工作时，就等于是选择了一份责任。在工作中，不管你从事的那项工作有多么枯燥无味，也不管你从事的工作难度有多大，只要是上司交给你的任务，你都要竭尽全力，做好工作中的每一件事情，争取做最好的自己。

下属要想成为上司信任的人，就要勇于承担起干重活、累活的责任。不要抱怨上司总是把压力最大的工作分给你，更不要因为工作强度大而出现推诿懈怠之情，那样只会让上司对你越来越失望，结果就是你与升职加薪失之交臂。

~~~~~ **情境** ~~~~~

设计师小天最烦恼的事情是领导总把最难的任务交给他：最难伺候的客户、最刁钻的选题、最紧急的任务……这些工作都是其他同事避之不及的，但是小天没有办法拒绝。

小天向上司抱怨，上司只说："你是我最看好的员工，我相信你一定能做好。"

渐渐地，小天产生了懈怠心理，越来越不想工作。一想到工作难度，就开始逃避，能够一天做完的工作拖两天，难做的工作就干脆拖着不做。

大家都说他变了，不像以前那么积极肯干了。领导对小天的改变也看在眼里，慢慢也不再器重他。

小天发现自己的懈怠表现导致领导不再把那些高难度的任务交给他，重要的责任也不再让他承担，而是交给了一个能力不如自己的员工小栾。小栾虽然能力一般，但是兢兢业业，努力把上司交代的每项工作都做好，即使加班也要完成任务。

两年后，上司升职，指定小栾代替自己的位置。以前的同事变成了自己的上司，小天这才意识到这一切都是自己造成的，懊悔不已。

~~~~~ **情境解析** ~~~~~

上例中应该属于小天的职位，却让一个能力不如他的同事取而代之，其原因就是小天在工作中不能"站好那班岗"，也就是说，不能承担起工作的责任。

在上司眼里，一个工作能力虽然差点儿，但积极性高，敢于对工作负责的下属，远比那些能力强没有责任感的下属有发展的空间。

一个人的工作能力差，可以在工作过程中慢慢提升。而一个没有责任感的人，工作职位越高，给公司造成的损失越大。

所以，你要想成为上司眼里优秀的员工，就必须做到：无论你站在哪个岗位上，就一定要站好那班岗。通俗地讲，就是在工作中懂得站位。

什么是站位？你站在一个岗位上，就要做好那个岗位上的事情，就要做好领导分配给你的工作。工作再苦再累，完成它也是你的职责。

自己产生懈怠、逃避心理该怎么办？

一般来说，我们因为工作任务太难完成而产生懈怠和逃避的心理，是正常的现象。这是人类的自我保护机制在起作用，每个人都会有自己的舒适区，逃避就是自我保护、逃回舒适区。

特别是对业务人员来说，他们的薪水和业绩目标是直接相关的，当业绩目标太高时，人会产生巨大的心理压力，这时保护心理就会出现。为了远离压力，很多人开始懈怠工作，工作得过且过，能逃避就逃避，不能逃避就敷衍了事。

例如，上司交给你一项很难完成的任务：3天时间内提交一份工程施工方案。你如果在心中想：这完全不可能，在这么短的时间内是无法完成的。这时你就会产生消极心理，不再愿意全身心地投入工作。

这个时候你可以尝试以下步骤进行自我调节。

第一步 ▶ 假定目标是合理的

你可以假设这个目标是合理的、可以达到的。在心里告诉自己：这个目标虽然有点儿高，但还是可以达到的，只要方法正确，我一定可以达到。因为一件事情你认为不合理，你就很难全身心地投入，当心理假设完成之后，就可以进行第二步。

第二步 ▶ 思考达到目标的方法

你可以将达到目标的做法分成几个步骤，然后再根据步骤分配完成时间。例如，做一个策划方案，需要调查市场、策划内容，然后分析可行性，最后做成电子文档交给上司。你只需要根据计划好的时间和步骤进行，暂时不需要考虑目标难度。

对于销售目标也同样如此。分析销售目标需要考虑的因素比较多，但是只要存在市场，你就能从中找到达到目标的方法。

找到正确的市场，不断地联系、尝试，相信你的上司也不可能给你一个完全没有机会达到的目标。

目标并不只是压力，通过正确的方法，可以将它转换为动力。达到目标的难度不是关键，关键是你怎么实现和通过什么方法实现。

第三步 ▶ 从"我要什么"到"我需要什么来交换"

一些刚从学校毕业、进入社会的新人，通常会认为自己的前景是一片光明的。"一年时间我要收入××万，三年之内我要成立自己的公司"。类似这样的豪言壮语屡见不鲜。

当这些新人进入社会后，才发现现实和自己的想象差距太大，进入职场后原本希望能够大干一场，结果发现自己的工作仅仅是一些烦琐无趣的事情，所得的薪水也和自己的预期相差甚远。时间一天一天过去，重复的工作、各种压力会让往日的激情逐渐消退，只好放弃曾经的理想，工作不再积极主动，开始出现懈怠的情绪。

有理想是好事，但是在确定理想时首先要考虑理想是否和现实匹配。有些人的理想只是赚多少钱、成就多大的事业，却未考虑过自己要付出什么。

要将自己的理想从"我想要得到什么"转变为"我想要通过什么来得到什么"，这样的改变能够让你在工作中充满激情和动力。

换位：运用"上司思维"，跟上司达成高度共识

在职场上，一个人的思维方式往往决定了一个人的事业的高度。就像上司和下属，由于思维不同，在合作中会出现很多分歧。

上司和下属的思维区别在哪儿呢？

例如，在为顾客修鞋时，你会利用自己的专业和经验把鞋修好。时间长了，你为了多修鞋赚钱，就会加班加点，力求多修几双鞋。结果是你再怎么辛苦再怎么提升自己的修鞋技艺，也不过是一个修鞋修得好的师傅——这是下属思维。

为顾客修好鞋后，你会思考：怎么能把修鞋的方法自动化，能不能开办一个修鞋的公司，招几个修鞋比我强的员工帮我？——这是上司的思维。一个简单的修鞋工作，若站在下属的角度，就是勤劳致富；若站在上司的角度，修鞋就蕴藏着无限商机。这就是下属思维和上司思维的差别，从不同的维度看问题，会得出截然不同的结果。

上司思维带给我们的益处并不仅仅是能否坐上那个位置，它还可以指引着我们在工作中成长为一个更优秀、更值得被他人信赖的人。

同理，如果你在工作当中能够运用"上司思维"与上司沟通，那么你们就很容易达成共识了。

情境

小汤是新上任的助理，他头脑灵活、工作认真，很快就得到了领导的喜爱。他自己也沾沾自喜，觉得自己比别人强，再加上得到了领导的认可，他就更不把别人放在眼里了。有时，领导不在，很多事情需要小汤处理，但是当别人找到小汤时，他往往先反复考量再解决事情，久而久之，同事都很不喜欢他。

一次，上司分配了一个任务给小汤，要求小汤找几个同事来配合。小汤找到同事时，发现他们不是推脱工作忙，就是敷衍着干，工作只能一拖再拖。小汤向领导抱怨同事不配合，但是领导说："你平时不拖他们，他们现在能拖你？"

小汤这才知道，自己平时的表现全被领导看在眼里了。

情境解析

所谓"上司思维"，其实就是换位思考。在职场中，换位思考非常重要。作为员工，要想维护好与同事的关系，就要学会站在别人的角度思考问题。一旦拥有了"上司思维"，你不但能够与上司和谐相处，还会从上司那里得到很多你想不到的好处。

我曾经有个很有能力的助理，但是他的性格太张扬，得罪了很多人。他业务能力强，有时候会挤怼别人。企业里讨厌他的人越来越多，他还沾沾自喜，认为别人不如他，他只要得到上司、组织的认可就可以了。

后来，我找到一个机会和他聊天。聊着聊着，他说："蒋总，我很崇拜你，你给我一些工作上的建议吧。"

他希望我给他工作上的建议，但是我给他的是人生建议。我说："你的工作能力我看在眼里，你是一个很出色的员工，但是你的前景我不看好。"

他吃了一惊，但因为信任我，他没有变脸色或发火，而是很认真地问我为什么。

我说："一个人要过好生活，要取得成就，始终要记住一句话——你自己活，也得让别人活；你自己有路走，也得让别人有路走。这样别人的路走宽了，你的路才会更宽。如果你自己走，不让别人走，那么结果只能是别人抢你走的路。如果你总是不为别人考虑，不给别人留情面，不帮助别人，那你最后就是失道寡助。"

我觉得他心性不坏，对我也很诚恳，我才会教给他这些做人的道理。后来我发现，这次谈话对他触动很大，他开始慢慢改变了。他用了很长时间改正自己，因为人和已养成的习性做斗争是很难的。可喜的是，最后他成功了。

换位思考会让你受益匪浅，让你广结善缘，赢得周围人的喜欢。要想让自己的职场之路顺利，换位思考是必不可少的。别看你现在觉得自己能力很强，不需要其他人的帮助，是因为你现在所处的位置还不需要团队协作就能做好工作；未来你要向上走，团队协作就会成为做好工作的前提。

换位是站在他人的位置思考。有些事情，如果你只是站在自己的角度思考，你永远没有办法理解别人：**为什么他要这么做？为什么他总是找我麻烦？为什么他的决策如此愚蠢？**

当你站在别人的角度看问题时，也许你会发现，其实他也有不得已的苦衷。如果你是他，你也会这么做。

换位要求站在上司的位置上思考：**上司想要什么？在这项工作中，上司最关注什么？**

你要假设自己处在上司的位置，从上司的角度思考，这样你和上司的关系也会处理得更好。

要慎重对待评判他人这件事，任何时候你都不要随意批评他人。所有人都喜欢赞美，对于批评就不是这样了。在一个团队中，批评和表扬要坚持两个原则：**当你要批评一个人时，尽量选择人少的地方；而要表扬一个人时，尽量选择人多的地方。**

⏱ 优秀员工的特质：在上司面前体现你独当一面的价值

定位、到位、补位、站位和换位，是一位出色的员工一定要完成的 5 项修炼。"五位法"的本质，是让上司对你"放心"。具备"五位法"的下属之所以能够让上司放心，是因为"五位法"能让你在上司面前体现出独当一面的价值。

～～～～～～　**情境**　～～～～～～

在我以前的公司里，有这样两位员工：第一位员工虽然是新人，什么都不懂，但是他很独立，又非常积极，每次做完自己的工作之后，都会找到我，问我有没有其他工作需要他做。每次我分给他的工作，他都会把自己当成这项工作的主导者，全力以赴地把这项工作做好。如果数据有欠缺，他会自己找资料；如果有不会的，他也会先自己研究，研究不透才请教同事、经理和其他熟悉这项业务的人。同时，他很注意让我掌握他的工作进度，经常向我汇报工作。有了问题，他会先自己解决，找到解决方案了再来请示我。这就是一种独立的表现，他让我很放心，我很欣赏这位下属。

和他一起进公司的另一位员工的表现比较差。每次交给他任务，他都要先问我详细的工作流程，恨不得我能手把手地教给他；做事也很拖拉，还从来不主动汇报工作进度；工作做完后也不主动找我要别的任务；如果他在工作中遇到问题，他一定会先问我怎么办，让我给他解决。

～～～～～～～ **情境解析** ～～～～～～～

上文中两位员工的区别在于：第一位员工知道自己在职场中要独立，要努力成为独当一面的人；第二位员工没有这种独立精神，总想依靠别人。

每个上司心中都会有一个完美的"优秀员工"，也都希望能有一个优秀员工做自己的好帮手。尽管每个上司对"优秀员工"的要求不一样，但有一点是共通的，那就是，这个员工在工作中的表现必须做到独当一面，这样才能成为他的左膀右臂。

独当一面，是下属与上司最高明的相处之道，也是你职业生涯的一个转折点。所以，不管你是进入职场的菜鸟，还是有经验的老员工，要想在职场上得到升职加薪，或者想有一番作为，就得争做上司眼中的优秀员工，而具备"五位法"的本质则起着至关重要的作用。

步骤 4 用实力"征服"上司：成为上司得力助手的 5 个关键

"恭"无不克：用汇报工作的方式尊重上司

在上司心目中，如果一名下属总是积极主动地向他汇报工作，那么他认为这名下属的工作态度是非常端正的。同时，上司还会从下属的汇报中，切身感受到下属对自己的尊重和敬意，自然会对这名下属产生好感。在平时的工作中，上司会主动给这位下属开"小灶"。

然而，大多数职场人士却不愿意向上司汇报工作，即便是在工作中遇到困难私下抱怨，也不愿意找上司汇报工作。如果你总是逃避向上司汇报工作，就会在无形之中让上司误会你不支持、不尊重他的工作，无法做到坚定不移地追随着他，甚至怀疑你不认可他的工作能力和领导能力，认为你总是不屑于向他汇报工作的。

实际上，对于职场人士来说，汇报工作本身就是工作中重要的组成部分，你不能因为不汇报工作而让上司对你产生更深的误解，这是得不偿失的事情。所以，你应该用正确的态度对待汇报工作，并且要怀着真诚和敬意来汇报工作。唯有如此，上司才能感受到你对他的尊重，从而更加认可和赏识你。

情境

　　小风对自己的上司不满，因为他的上司是出了名的"控制狂"，事无巨细，恨不得把所有事情掌握在手里。在上司面前，小风感到自己无所遁形，好像每时每刻上司都需要掌握工作的进程。每隔几个小时，上司就要问：计划得如何了？工作得怎么样了？项目推进还顺利吗？做到哪儿了？

　　苦闷的小风在一次喝酒后，向朋友抱怨自己的领导。朋友却说："为什么你不能主动汇报呢？每位上司都需要下属汇报工作啊。如果你是上司，你会希望自己的下属总是埋头苦干，从来不向你汇报工作吗？如果我是主管，我会喜欢我的下属随时向我汇报他的动态，这是对我的尊重。"

　　小风听了朋友的话，清醒了很多。站在上司的角度去想，好像还真是这样的。于是小风改变了自己的汇报习惯，从第二天开始，每天早晨都向上司简单地汇报一下自己当天要做的工作，也会主动汇报项目的进展状况，出了问题小风更是第一时间汇报。

　　上司对小风的转变感到很惊奇。而让小风惊奇的是，随着自己汇报的次数越来越多，上司的问题也越来越少，因为是自己主动汇报的，小风也没有了过去那种时时被上司监视的感觉。

　　小风仅仅主动向上司汇报工作，竟使自己和上司之间和睦了不少，这是他之前没想到的。

情境解析

　　很多人觉得汇报工作是件流于形式的事情，所以总是对其敷衍了事，心不在焉，甚至想办法避免汇报工作。这是非常错误的方法。

如果你想在职场上如鱼得水，那么就得凭自己的实力得到上司的认可，这样才能成为上司的得力助手，让你升职加薪的梦想成真。

勤于向上司汇报工作好处多多，既让上司感到你对他的尊重，又让你赢得上司的好感，会让上司主动配合你的工作，同时，与上司沟通多了，会让你和上司和睦相处。最重要的是，从某些角度来看，汇报工作的确能够帮助我们总结规定时间内的工作情况，起到承前启后的作用，还能给你在上司面前表现各个方面的综合能力的机会。

"恭"无不克，是和上司和睦相处的第一法则。什么是恭？恭就是认可你的上司，尊重你的上司，尊重组织对上司的授权。怎么体现这个"恭"？

"恭"，就是用汇报的方式尊重你的上司。

汇报是尊重上司的体现。汇报能够给予上司安全感，让他随时感到你的状态可控。你对他恭敬，他就有成就感；你对他恭敬，他就觉得你的态度是端正的。如果你能让上司感知你的态度，就说明你是个聪明的下属。

在现实工作中，你稍微用心观察一下就会发现，那些上司喜欢的员工有一个共同特点：他们都很善于汇报工作，知道在什么时间用什么方式汇报。同样一件事情不同的人汇报，结果肯定是不同的。

下面，我们具体看一下勤于向上司汇报工作的作用。

第一种作用 ▶ **汇报工作可以使领导看到你的成绩**

情境

一家大型集团公司有两位性格差异的区域经理，A 经理负责的区域较大，B经理负责的区域相对较小。A经理对自己负责的区域面积较大颇为自豪，向上级汇报工作时也不是很重视，每次开会总是最后一个发言。这样，当A经理汇报时，经过长时间的会议，领导已经很疲惫了，经常没等他说多少就以时间不足为理由宣布散会，A经理不以为意，反而觉得省事了。

B经理则与A经理完全相反，虽然自己负责的区域较小，但是他非常积极地向上司汇报工作，每次会议都积极发言，在汇报完自己的工作之后还会将自己部门的员工表扬一番。一年以后，领导层对A和B两个人进行评价，认为B工作积极，做了不少事情，而对A则态度相反，觉得A工作态度懒散，没有认真做。实际上A负责的区域较大，他一年所做的工作不比B少，甚至比B做得多，但是因为在汇报工作上采取的方法不同，让领导对他的评价很不好。A的做法不但让自己一年的工作没有得到认可，还连累了他的下属没能获得好的绩效。

情境解析

由此来看，下属要想得到上司的好评，就要学会主动汇报工作。一位聪明的员工，要想晋升，在做好工作的基础上，还要善于向上司汇报工作。

汇报工作能直接和上司进行正面的接触，这样可以加深上司对你的印象。同时，经常汇报工作也会让上司觉得你对他十分尊重，使他了解你的工作状况和成绩，让他看到你的努力。

第二种作用 ▶ 汇报工作能给上司留下好印象

你和上司沟通的主要方式就是汇报工作。汇报工作应该成为你和上司相处的常态。

工作报告要充分翔实，某项事情是否重要应由领导判断。

没有比汇报工作更容易接近上司的方法了。如果你不懂得向上司汇报工作，只知道埋头苦干，那么即使你十分努力，上司也未必知道。很多人不注意汇报工作，觉得自己将工作做完就可以了，并不需要考虑其他事情。你这样做虽然不会给上司留下很差的印象，但上司也不会觉得你是一位优秀的员工。

第三种作用 ▶ 听汇报是上司感到快乐的时候

作为上司，听汇报的时候是非常快乐的。汇报是上司了解下属工作情况的途径。你在汇报时，不仅是上司享受自己被尊重的时刻，也是他检验下属工作成果的时刻。

汇报应该成为你和上司相处的一种常态。如果时常被上司追问工作情况，你的感觉也不会好，因为主动权在他的手里；你主动向上司汇报工作，性质就不一样了，因为主动权在你的手里。

上司全权委托给你的事情，你也要汇报。你不要认为受到全权委托就和上司无关了，上司肯授权给你是他对你的信任，你能够做的就是用汇报来尊重他，用汇报让他看到你是怎样对待他的信任的。也许你汇报的时候，领导还会说："这点小事儿不用向我汇报，我不是委托给你了吗？我信任你。"但是你不要当真，正确的应对方法是说"好"，该汇报时继续汇报。

对于不好的消息，越早汇报越好。如果你因为没有及时汇报而延误了时机，那么后果会更不好。

第四种作用 ▶ 汇报是沟通的一种形式

你和上司靠什么沟通？靠什么交流感情？靠什么产生默契？难道真的靠默默无言就能做到这一切吗？当然不能。沟通、交流感情、产生默契，靠的是日常汇报，每次汇报都是一次交流和沟通的机会，每次汇报也是达成共识、产生默契的机会。

向上司汇报有 5 个步骤，如图 1-5 所示。

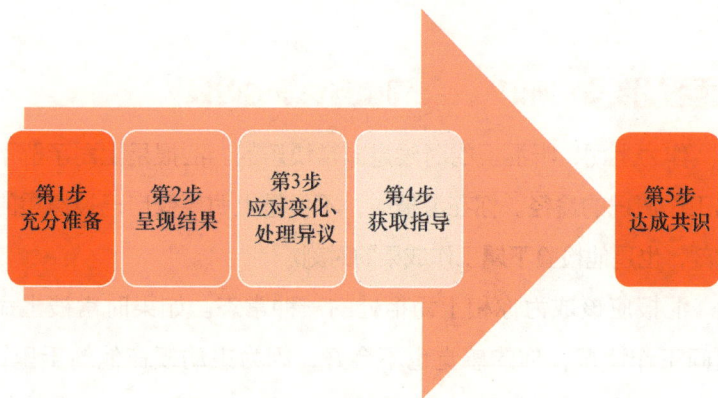

第1步
充分准备

第2步
呈现结果

第3步
应对变化、
处理异议

第4步
获取指导

第5步
达成共识

图 1-5　日常汇报的 5 个步骤

第一步 ▶ 充分准备（包括心理、方案、材料的准备）

在汇报工作之前，首先要做好充分准备，包括心理准备、方案准备和材料准备等。没有准备好就不要汇报。

这些准备还包括应对上司提问的准备。我从工作第一天就养成了非常严谨的工作习惯：如果我向领导汇报一件事情或一个方案，我一定会考虑好上司会问哪些相关的问题。这一方面要靠你的思考，另一方面也需要积累经验。你不需要做到完美，但是你应该尽全力去做。

　　还有一点也是汇报工作时需要注意的，即注意观察上司的作息时间。人是感性的动物，很容易受到情绪的影响，从而做出不同的决定，而情绪又会受到休息时间的影响。所以你汇报时要挑一个上司有心情听汇报的时间。

　　例如，大部分人在午休刚醒或午休被打断时心情都不会太好，如果你有一些让上司不高兴的事情要汇报，就要尽量避开这个时间。当然，上司也有喜欢听汇报的时间，如有些上司喜欢晚上通过电子邮件交流工作，你掌握了这个信息后就要加以利用，这也是让汇报工作效果更佳的方法。

　　要想掌握上司的具体心情，除了自己细心观察外，你还可以在去上司办公室之前了解一些信息。如有些上司喜欢先看书面的工作汇报，然后再面谈。

　　特别是你找上司讨论一些较敏感的问题，如升职或者加薪，上司的情绪对你来说非常重要。在讨论这些问题时，首先要找一个上司心情不错的时间，然后保证这段时间内上司有充分的时间和你沟通。如果你的上司着急外出，你却慢条斯理地阐述自己应当升职或加薪的理由，这样很可能没等你说完就被否决了。

第二步 ▶ 呈现结果

　　要汇报结果，不要汇报过程。向上司汇报时，要用简洁的话先说结果，因为上司关心的始终是结果，你的过程再精彩，没有结果之前，上司也不会关心。只有知道了结果，上司才愿意问你过程，你才需要讲述过程。

　　这里还有个重要的细节，在汇报结果的时候，不要啰唆，也不要大口喘气。最重要的是，不要吊上司的胃口。

情境

　　以前我有个下属就有这个毛病。我派他去打听一件事的结果，他回来后对我说："您让我打听的事我打听完了，结果出来了。"

　　他说完就不说了，然后看着我，等我回应，等我问他："结果是什么？"我是个急脾气，心想：明明能一句话说完的事情，为什么要拆成两句，总是等着别人问？

　　我不得不继续问："那结果是什么？"

　　他才会说："结果是……"

　　因为这个毛病我批评过他很多次，但他非常执着，从来没有改过。一次，公司出了大问题，一个影响第二年全年订单的样品质检出错了。这里面有两种可能：第一，样品确实出错了；第二，质检的过程出错了。如果是样品出错了，那么麻烦就大了。没办法，我们只好重新通过质检确认。

　　我一整天都在为这件事情着急，到了下班的时间我仍然在办公室里等，除了我还有很多员工也在等。

　　直到晚上10点，他带回了质检的消息，对我说："结果出来了。"然后看着我就不说了。我强忍怒火，问他："结果是什么？快说！"

　　他才慢吞吞地说："质检的结果是样品没有问题，前面的质检过程出错了。"我这才松了一口气。

　　我实在很难忍受这个下属的这个毛病，后来就把他调走了，眼不见心不烦。

～～～～～～　**情境解析**　～～～～～～

　　我在这里提醒大家，任何一位上司，对下属汇报工作最基本的要求就是要一个结果，知道了这一点，你在汇报工作时一定要先说结果，至于过程，能不说就不要说，如果必须说，那就简单扼要地说。

第三步 ▶ **应对变化、处理异议（环境、情绪、事态）**

　　当你汇报完之后，上司会对你汇报的内容产生反应，这个反应可能是意见上的反应，也可能是情绪上的反应。如果你汇报的事情是个坏消息，上司听完之后很焦躁，那你要做的就是安抚他的情绪。

　　还有一种可能是上司对你的汇报有异议，这个异议可能是你能力上的，也可能是你方案上的，或者是你做事方法上的。如果领导对你的汇报有异议，你就要处理这个异议。

　　例如，你汇报完之后，领导发火了："你怎么搞的？我说过多少遍了，这个方案不能这么写，你怎么又这样写！"

　　这时你该怎么应对？**答案是先承认自己的错误，然后肯定领导的思路，最后表明自己会努力改正的态度**。即使你的方案没有错，你也应该这么做，最后再巧妙地说出自己的想法。

　　具体应对句式："领导，看来我的思路确实有很大的问题。您先别生气，被您这样一说，我彻底明白了。这个方案应该这样改：1. ……2. ……3. ……（大胆说出你的想法，千万不要担心再被骂）不过这里还有一个问题，是这样的……所以我才会加入这些东西。

这样看来我的想法很不成熟啊。"

领导可能就会说："原来是这么回事，那你调整一下吧。"

你就可以说："好的，我一定会按您的意思在明天下班前给您一个满意的答复。"

要先通过肯定上司、承认自己的错误的方式让领导的情绪平静下来，等他觉得自己的想法被认可了，才会有心情听你说。

第四步 ▶ 获取指导（包括方法、思想、理念的指导）

上司对你的指导可能是方法上的，也可能是思想和理念上的。上司的指导是你工作的方向，所以你要耐心聆听。

第五步 ▶ 达成共识（包括思路、目标、行为的共识）

汇报工作最终是为了达成共识，如果你的汇报没有和上司达成共识，那就等于没有汇报。这个共识可以是思路上的共识、目标上的共识和行为上的共识。

根据不同上司的不同偏好，你可以采取不同的汇报形式。有些上司比较专权，那你向他汇报的时候，就要考虑到他的偏好，尽量做出请教式的汇报。最重要的还是那一句话：**上司的习惯和偏好需要你自己揣摩，但是不要等他问你时你才汇报。**

一般情况下，你可以这样汇报：每天都需要采取通信工具和面对面等形式对自己的工作进行简单的汇报，让你的上司知道你在干什么和工作事项的进展；你需要用每周一次面对面或工作总结的方式进行详细的汇报，内容包括这周的主要工作、工作进度如何、预计完成时间和下一步的工作计划等。

"能"者多劳：永远比别人"多"一点

在职场上，永远比别人"多"一点，是无数卓越人士和组织极力秉承的理念和价值观。当你在工作中，永远比别人"多"一点时，虽然只是这一点，长此以往，你的工作动力会更足、工作效率会更高、上司对你的信任会更深。

有时，在工作中我们不必比别人多做许多，只需要一点点就足够了。当你取得成绩时，别人就会对你刮目相看。当你多做了一点儿小事时，你就会从乏味的工作中体会到一种前所未有的愉快。这种快乐任何词语都无法形容，因为这只属于你个人。

情境

我经常会在自己的培训课程上对学员进行调查提问。当我问普通员工"谁愿意在完成自己的本职工作后承担更多的工作"时，有人举手，但是很少。大多数人会说："我不是完成了我的本职工作了吗？不是我分内的工作我为什么要做？"或者说："为什么别人不能完成分内的工作，反而要我帮忙？"

但有趣的是，同样的问题问到管理者，几乎大多数人会举手，而他们给出的理由："先完成工作再说，工作中哪有那么多你我。"还有人会说："能者多劳。"

情境解析

以我的经验，一个愿意承担更多责任的人，永远比其他人进步得快。能者多劳，是获取上司信任的方式，同时也是提升自己价值的方式。

这个"能"，是能力的"能"。能力越大，责任就越大。
你承担得越多，你的价值也就越大。

前面我说过，普通员工愿意选择做更多分外工作的比例相对较少，而管理者中愿意做更多分外工作的人比例非常高。是所在位置的不同造就了选择的不同，还是选择的不同造成了他们所在位置的不同？

如果你是个普通员工，当你做出能者多劳的选择时，你已经超越你所在的位置，站在更高的层级上了，即从整体和团队的角度看问题。虽然你只是比别人"多"一点儿，但你的收获却很多。

收获 1 ▶ 证明自己的能力

在我看来，你工作时比别人"多"一点儿，体现的是一种勤奋、主动的精神，一种坚忍不拔、永不放弃的意志，一种行动迅速、做事准确的能力。在现代社会中，任何公司都需要这种人：他们不仅能很好地完成本职工作，还会想尽办法比别人多做一点儿！

如果你不愿意能者多劳，你就只能被限制在现有的职位上。你在一个职位上做得再到位，如果不愿意多做，便不会被委托更多的任务，也就不能晋升到更高的位置。

有人说："我做再多，也是被人利用，被组织和团队利用，对我自己有什么好处？"

有个事实很残酷：所有人的价值都是被利用的。有被利用的价值是你的幸运；如果你连这一点都没有，也就没有了存在的价值。

只有你的能力到了一定的程度，你才有发言权；你没有能力，就没有被别人利用的价值。

组织衡量一个人的贡献，往往来自他的工作价值。

你的工作成果是什么？你给组织带来了什么价值？有没有帮助组织把工作向前推进？

你凭借个人的努力，给团队带来了效益，这是你的价值。

你凭借自己的努力，为团队减少了损失，这是你的价值。

在你的带领之下，团队提升了业绩，这是你的价值。

能者多劳，同样也是靠工作证明的。在职场中，你的业绩就是你的成绩单，你的工作能力就是你的价值。

你要证明自己能做好，但是不要证明自己比别人强，任何时候都要给别人留余地。

要想证明自己的优秀，你只需要做出工作成绩即可，用自己的能力打消别人的疑惑。公司衡量一个人的能力通常是根据他的工作成绩，言语上的证明是苍白无力的。

在公司中，愿意主动承担工作，愿意比他人做得更多，这是取得成绩的一个好方法，同时也能加强他人对你的信任。

收获2 ▶ 能牢牢抓住机会

能者多劳，意味着你需要每天比别人多想一点儿，然后多做一点儿。这"一点儿"日积月累起来，就是很大的差距。

别人不愿意做的事情你要承担。在公司中经常会遇到一些其他人不乐意做的事情，但有一个人就很热衷于做这些事，从不抱怨。这个人最后取得了成功，他成立了一家公司，如今顺风顺水。他取得的成功与他的工作心态有很大的关系。别人不愿意做的棘手事情，通常是锻炼你能力的好机会。

面对一项工作，如果你认为不可能完成或者完成起来困难重重，那么就不愿意投入精力做这项工作。如果你将这项工作看作对自己的一种锻炼，这时你再去工作，就会愿意接受挑战。这就是工作态度的影响。其他人不愿意做的事情不一定是坏事，做事不挑剔的人往往能够取得成功。

能者多劳之后，往往就能获取机会。机不可失，当机会到来时，你要牢牢抓住。

如果你想在职场中做出成绩，如果你不只想成为一个能力强的单兵，而是一个一呼百应的领导者，那么你就要牢牢记住一句话："大胜靠德，小胜靠智，长胜靠和。"

你会发现，一个人刚来到企业时，耍耍小聪明或许能够获取利益，但是长久的胜利要靠和气，伟大的胜利要靠德行。如果你选择长胜，就不要计较有人对你耍小聪明。这是无往不利的法则。

"术"有专攻：用专业引导上司

我做过多年上司，在我的下属中，经常会看到这样一类人，他们平时总是默默无闻地干着活，从不主动找上司汇报工作，有时候连上司也不知道他们在做什么工作，有的上司甚至叫不出他们的名字。因为在汇报工作中过于被动，所以公司的福利、奖励也和他们无缘。

难道说这类人工作能力差，或是对工作不够认真吗？事实恰好相反，他们专业能力强，对工作高度负责，踏实肯干，任劳任怨，为了能保质保量地完成自己的工作，他们十分自觉，上班时最早到公司，下班时最晚离开公司；几乎从来不迟到、早退、请假。可是，对于这么优秀的员工，公司和上司为什么会遗忘呢？

　　答案就是，由于他们的专业能力太强，在工作中不需要上司的协助能独立完成，而上司事情又多，加上很少就工作的问题沟通，所以，上司压根就不知道公司有如此专业能力强、工作态度好的下属或员工。

　　看到这里，你可能觉得这对专业型员工不公平？的确，在职场上，并不是说你能胜任工作就万事大吉的，更多的是，你要让上司知道你都做了什么样的工作，并且做得很出色，这样上司才会重视你，并且用好你，不至于埋没了你的才华。所以，最好的办法，就是巧妙地用你高超的专业知识来引导上司，这会让你的工作事半功倍。

〰〰〰〰〰〰　**情境**　〰〰〰〰〰〰

　　阿森在某公司的技术部门工作，虽然他的上司也是科班出身，但是以前一直做营销方面的工作，最近被调派过来，是因为组织更看重技术部的发展，就把重任交给了阿森的上司。由于多年没有接触技术领域，原有的技术知识已经过时，上司进入新部门之后，对新技术并不太懂，所以团队的绩效一直上不去，团队中的人对上司的态度也不太好。

　　在了解了自己的新的工作环境和上司的情况后，阿森决定改善这种情况，用自己的专业帮助、引导上司：他把最新的技术资料带给上司，供上司学习；在技术部门开完会之后，阿森也会在没有人的时候，带着资料进入上司的办公室，一点点地讲解给上司听。对于上司不懂的新名词，阿森会采取比喻的方法，用深入浅出的语言解释给上司听。

　　慢慢地，上司开始"入门"了，几个月之后，上司的能力开始在新职位上得到发挥，他越来越胜任技术部主管的工作。

随着上司能力的增强，团队中的其他人也开始追随上司。上司平时对大家一视同仁，不过每到有重要任务时，上司只会交给阿森一个人。在平时的工作中，阿森的意见也是上司最看重的。

情境解析

专业可以拉近你和上司的距离，只有专业能够让你和上司进入"互赖阶段"。

一个平庸的下属是没有竞争能力的。让专业拉近你和上司的距离，其实是一种能力，一种识时务、懂大局的能力。

什么是专业？

职业化是专业，能力是专业，工作中的细节也是专业。

在职场中奋斗，专业这个词非常重要。如果你在面试时表现得不够专业，你就很难得到工作机会；如果你平时在工作中表现得不够专业，上司就不会信任你；如果你在客户面前表现得不够专业，你就得不到客户的信任，也很难拿下订单；如果你总体的工作表现不够专业，升职、加薪也很难有你的份。

专业是你的工作能力，你要用专业架起走向成功的桥梁。专业是你立业的资本。

在职场中，一个不专业的人是得不到上司器重、同事尊重和组织信任的。

专业同时也是一种态度，专业的态度是一位优秀员工的必备素养，表现为认真工作、胜任工作、不懈怠、不推脱、负责任等。专业需要一个人有强大的精神力量，在自己的工作中保持克制，克制自己的懒惰和懈怠。

我发现，在工作中一个抱有专业态度的人，往往能够胜任多种工作；即使这个工作是他以前没有做过的，他也会秉承专业的态度，用自己的专业素养学习新知识，适应新岗位。

专业是一次就把事情做对，而且次次做对。即使有了意外因素，没有办法立刻解决问题，也要把自己力所能及的事情做好，这就是专业的态度。

一位专业的员工不仅能够做好自己的工作，还能引导上司。

一个典型的错误想法是"上司既然是我的上司，那么他在任何方面（包括专业）都应该比我强。"

有的人发现上司不如自己专业、在工作技能上不如自己时，就产生了轻慢之心，心想："这都不会，还当我的上司？这都做不好，还当上司？"

上司之所以能够成为上司，是因为组织的认可、信任和授权，而不是专业的认可和授权。上司的职责要求并不包括"要在专业上强于所有的下属"。

所以，如果你的上司不够专业，其实是你表现的好机会。你可以用你的专业引导上司、帮助上司，发挥出你的专业的最大效用。

"忠"贞不贰：用忠诚成就上司

公司不管是选拔干部，还是招聘员工，第一点就是要对公司忠诚。只有对公司忠诚的人，才会对上司和工作尽心尽力。

职场犹如战场。身在职场中的每个人，要想在职场上立足，就得把忠诚作为一种职场生存方式。虽然谋求个人利益，实现自我价值是天经地义的事。但自我实现与忠诚敬业并不是对立的，而是相辅相成、缺一不可的，这是因为，你对公司忠诚，又有能力，公司自然会重用你，为你提供发展的平台。

对上司来说，公司的生存和发展需要员工的敬业和忠诚；对员工来说，丰厚的物质报酬和精神上的成就感离不开公司的存在。

忠诚是职场中最应值得重视的美德，只有所有的员工对企业忠诚，才能发挥出团队的力量，才能凝成一股绳，劲往一处使，推动企业走向成功。一个公司的生存依靠少数员工的能力和智慧，却需要绝大多数员工的忠诚和勤奋。

上司在用人时不仅仅看重个人能力，更看重个人品质，而品质中最关键的就是忠诚度。在这个世界上，并不缺乏有能力的人，那种既有能力又忠诚的人才是每个企业想要的理想人才。人们宁愿信任一个能力差一些却足够忠诚敬业的人，而不愿重用一个这山望着那山高、视忠诚为无物的人，即使他能力非凡，也会坚决不用。

如果你忠诚地对待你的上司，他也会真诚对待你；当你的敬业精神增加一分，别人对你的尊敬也会增加一分。不管你的能力如何，只要你真正表现出对公司足够的忠诚，你就能赢得上司的信赖。上司会乐意在你身上投资，给你提升的机会，提高你的技能，因为他认为你是值得他信赖和培养的。你要想获取公司和上司的高度信任，就必须在工作中体现你的忠诚，用你的实际行动来证明。

〰〰〰〰〰〰〰〰〰〰　**情境**　〰〰〰〰〰〰〰〰〰〰

在讲"忠贞"之前，先看看《鹿鼎记》中的一段情节。

这日鳌拜到上书房来启奏要杀苏克萨哈，康熙早已知道，鳌拜为了镶黄旗和正白旗换地之争与苏克萨哈结仇，今日一意要杀苏克萨哈，乃是出于私怨，因此康熙迟迟不肯准奏。哪知鳌拜嚣张跋扈，盛怒之下显出武人习气，捋袖握拳，便似要上来动手。鳌拜身形魁梧，模样狰狞，康熙见他气势汹汹地上来，不免吃惊，一众侍卫又都候在上书房外，呼唤不及，何况众侍卫大多是鳌拜的心腹，不可靠。正没做理会处，恰好韦小宝跃了出来。康熙大喜，寻思："我和小桂子合力，便可和鳌拜这厮斗上一斗了。"待见鳌拜退下，更是宽心。

韦小宝情不自禁地出声惊呼，泄露了行踪，只得铤而走险，赌上一赌，冲出来向鳌拜呼喝，不料一喝之下，鳌拜竟然退下，不由大乐，大声道："杀不杀苏克萨哈，自然由皇上拿主意。你对皇上无礼，想拔拳头打人，不怕杀头、抄家吗？"

....

次日一早，他便到上书房侍候。康熙低声道："我要你办一件事，你有没有胆子？"韦小宝道："你叫我办事，我还怕什么？"康熙道："这件事非同小可，办得不妥，你我俱有性命之忧。"韦小宝微微一惊，说道："最多我有性命之忧。你是皇帝，谁敢害你？再说，你照看着我，我说什么也不能有性命之忧。"心想必须得把话说在前头，我韦小宝如有性命之忧，唯你皇帝是问，你可不能置之不理。康熙道："鳌拜这厮蛮横无理，心有异谋，今日咱们要拿了他，你敢不敢？"

韦小宝在宫中已久，除了练武和陪伴康熙之外，极少玩耍，听得要拿鳌拜，不由得大喜，忙道："妙极，妙极！我早说咱二人合力斗他一斗。就算他是满洲第一勇士，你我武功都练得差不多了，绝不怕他。"

康熙摇头道："我是皇帝，不能亲自动手。鳌拜这厮身兼领内侍卫大臣，宫中侍卫都是他的亲信心腹。他若知我要拿他，多半就要造反。众侍卫同时动手，你我固然性命不保，连太皇太后、皇太后也会遭难。因此这件事当真危险得紧。"

韦小宝一拍胸膛，说道："那么我到宫外等他，乘他不备，一刀刺死了他。要是刺他不死，他也不知是您的意思。"

康熙道："这人武功十分了得，你年纪还小，不是他的对手。何况在宫门之外，他卫士众多，你难以近身，就算真的刺死了他，只怕你也会被他的卫士杀了。我倒另有个计较。"韦小宝道："是。"康熙道："待会儿他要到我这里来奏事，我先传些小太监来在这里等着。你见我手中的茶盏跌落，便扑上去扭住他。十几名小太监同时拥上，拉手拉脚，让他施展不出武功。倘若你还是不成，我只好上来帮忙。"韦小宝喜道："此计妙极，你有刀子没有？这件事可不能弄糟，要是拿他不住，我便一刀将他杀了。"

他在靴筒中带有匕首，后来得知小玄子便是皇帝，和康熙对拆掌法，时常纵跃蹿跳，生怕匕首从靴中跌了出来。除了当值的带刀侍卫，在宫中带刀那可是杀头的罪名，就此不敢随身再带了。

康熙点了点头，拉开书桌抽屉，取出两把黄金为柄的匕首，一把交给了韦小宝，一把插入自己靴筒。韦小宝也将匕首放入靴筒，只觉血脉贲张，全身皆热，呼呼喘气，说道："好家伙，咱们干他的！"

情境解析

《鹿鼎记》作为金庸小说中的集大成者，已被翻拍了无数次，其中韦小宝的传奇经历，更被视为职场奋斗的成功典范。韦小宝身世不明、身份低下，竟然获得了九五之尊康熙皇帝的赏识和喜爱，他们的君臣关系贯穿全书。即使韦小宝做了很多该杀头的事情，康熙仍然对他非常器重；即便后来韦小宝逃到通吃岛，康熙仍然派人去找他，带了大量的物资赏赐他。为什么？

这也是我看书、看电视时常常思考的问题。直到有一天，我年届四十、在职场经历多年后，电视上重播《鹿鼎记》，我看到这一段时才恍然大悟，明白了康熙对韦小宝始终那么好、无论韦小宝犯什么错都能被原谅的原因，那就是韦小宝是对康熙最忠诚的下属。

第一次康熙和韦小宝互相知道对方的真实身份，就是在鳌拜威胁康熙的情况下。鳌拜位极人臣，是满洲第一勇士，凶狠、残暴，不要说康熙怕他，连不怕死的茅十八都怕鳌拜。但是，在康熙受到威胁的时候，韦小宝第一个跳出来挡在了康熙前面。这是韦小宝第一次表现忠诚，康熙大受感动。

如果说第一次韦小宝保护康熙、忠于康熙的行为是一时之勇，那么第二次表现忠诚就是跟着康熙杀鳌拜。杀鳌拜不比顶撞鳌拜，可以说失败后一定会死，但是韦小宝只有一句话："好家伙，咱们干他的！"

注意，韦小宝用的词是"咱们"，其实可以说，杀鳌拜是康熙一个人的事情。不杀鳌拜，对韦小宝没有损失。杀鳌拜，成功的可能性远小于失败的可能性，而失败了就是死。但是，韦小宝没有考虑"这不是我的事情""这让康熙自己解决，我参与的话，失败了就是死"，他也没有为了自己的安全劝康熙"你不要杀他，反正杀不杀他你都是皇帝，万一没杀成，也许你就做不成皇帝了"。

　　韦小宝通过自己忠贞不贰的举动，赢得了康熙的信任。后来韦小宝做错很多事，康熙仍然信任他。

　　这就是职场生存的黄金法则——忠贞不贰。用你的忠诚成就上司。

　　为什么那么多有见识、有能力的人，最后选择了忠诚呢？因为忠诚是符合利益最大化的选择。忠诚可以带来耍小聪明带不来的利益，那就是上司和组织长久的信任。

　　任何职业中的任何人的忠诚都是可贵的、重要的。虽然长期坚持自己的忠诚很难做到，但是坚持是一个人难得的美德。忠诚的美德会给你带来好运，只要你坚持了忠诚，就是坚持了你所认为的人生最宝贵、最值得珍惜的东西。

　　忠诚是员工在职场江湖的立身之本。一个忠诚于自己事业的员工，在任何岗位上都会努力工作，发挥自己的优势。

　　那么，下属如何做能够让上司看到你的忠诚呢？下面为你提供两种方法。

第一种方法 ▶ 上司做错的时候选择包容

　　信任来自忠诚，上司信任的人一定是对他忠诚的下属。

　　忠诚胜于能力，忠诚大于感性，忠诚代表没有二心，忠诚是"免死金牌"，忠诚的员工使上司有成就感、安全感并获得更多的支持。

　　当你得到上司的信任时，他的弱点和短板在你面前也是无所遁形的。当上司在你面前暴露他的弱点时，说明他在你面前也卸下了他的盔甲。

以前我有个上司，我跟着他工作了两年，都不知道他其实是个不拘小节的人，直到我们越来越熟，他越来越信任我，他的小毛病才会在我面前暴露。我们去茶馆喝茶，他偷偷把鞋子脱了，他觉得这样很舒服。我看到他的举动很震惊，因为在之前的两年内他从来没有在我面前暴露出他的这一面。能够看到他的这一面，说明他对我卸下了心防，在我面前不再是防御的姿态。

第二种方法 ▶ **把你的忠诚建立在组织和原则之上**

忠诚的含义是很丰富的，主要有三类：

一是忠诚于个体，即对某个人忠诚，如忠诚于老板、忠诚于上司；

二是对团体忠诚，如忠诚于某个组织，忠诚于你所在的公司；

三是对一些原则忠诚，如信仰、思想或职业操守等。

在我几十年的职业生涯中，我发现原则真的非常重要。一个人若没有原则就没有底线。他或许可以得到一时的利益，但是注定得不到长久的利益。

"沟"通第一：用沟通认识上司

沟通是人与人之间、人与群体之间思想与感情的传递和反馈的过程。在工作当中，无论你的创意多好，如果无法成功与上司沟通，一切都是枉然。从这点来看，沟通是你向上司推销自己、获得提升的一个关键途径。

身在职场，千万不要忽视请示与汇报的作用，因为它是你和领导进行沟通的主要渠道。你应该把每次请示汇报工作都做得完美无缺，这样上司对你的信任和赏识也就会慢慢加深了。

在向上管理中，沟通的作用意义重大，只有沟通才能了解，了解才能理解，理解才能支持。只有让上司了解了你的需求，上司才有可能重视你的需求。

~~~~~~~~ 情境 ~~~~~~~~

王超跟着上司工作一年了，但是一年过去了，王超对上司的性格仍然不了解。当他去找领导询问工作上的事情时，领导经常会问他："跟我这么久了，你还不知道我会怎么做？"

汇报工作时，王超喜欢巨细无遗地汇报，但是领导经常不耐烦地打断他："怎么来回就是这点儿事情？结果呢？为什么总是说这些无关的细节？结果呢？"

王超非常委屈：自己每件事都详细汇报，正是尊重上司的表现，为什么上司就是不认可自己？

~~~~~~~~ 情境解析 ~~~~~~~~

上司不认可你，源于你不了解上司。当你做的事情不符合上司的工作作风和习惯时，你们就会产生分歧。

要做好上司交给你的工作，沟通很重要，关键是通过沟通，你会对上司有一个更全面的了解，主要包括以下几点。

第一点 ▶ 通过沟通了解上司的性格

这个沟通未必是正式的一对一的会话，可以是无意间的闲聊，也可以是茶水间轻松的茶话。你可以通过一次次的交流了解上司的性格。

上司的性格也可以通过观察得出：**上司更喜欢什么样的下属？那些下属比自己强在哪里？上司喜欢什么样的做事风格？**

第二点 ▶ **通过沟通揣摩上司的态度，领会上司的意图**

揣摩上司的态度可以分成两个部分，首先是揣摩他对某项工作的态度：**他是支持的还是反对的？他希望你能够做到什么程度？他会对你的提议做出什么样的反应？**

一个人的态度是可以从日常表现中看出来的，上司对一项工作的态度也可以参照他以往对待同类工作的态度得出。

其次是上司的职业态度。在职场中，态度决定一切，上司的态度决定了整个团队的态度。上司的态度并不一直都是好的，你也许会发现上司最近好像进入了职业倦怠期。你要思考：为什么会发生这种变化？

一个优秀的下属不仅能及时发现上司态度的变化，还能发挥自己的作用，弥补上司因为态度变化导致的失误。

第三点 ▶ **通过沟通获得上司的指导**

在职场中，你如果能够得到上司的工作指导，那么将是幸运的。一位会沟通的下属，往往能够得到上司更多的指导。

第四点 ▶ **抓住上司的需求**

有的阶段上司的需求是结果，有的阶段上司的需求是上级对他的肯定，有的阶段上司的需求是下属对他的追随。你要充分了解上司此阶段的需求。

以前我有个上司，他一见到更高一级的领导就会紧张。当我知道他有这个"短板"后，就开始帮助他调整心态。我利用从军旅生涯中学到的改善心理素质的方法，帮助他克服心理障碍。通过这些小事，我们之间的关系更好了。

第五点 ▶ 通过沟通掌握上司的管理风格

上司不同的管理风格造就了上司接收信息的不同态度和对你汇报内容的判定结果。有的上司事无巨细，把所有事务都抓在自己手里，把知道一切细节当成自己的工作常态；而有的上司喜欢抓大放小，你的细致周到的汇报、洋洋洒洒的报告，在他眼里全是废话，是使他注意力无法集中的干扰因素；有的上司觉得你接到任务后不作声是欺瞒；还有的上司觉得你默默完成任务的行为是有担当的表现。

这些管理风格往往是一线之隔。如果你把握不好，就可能让上司觉得你不会办事：应该说的不说，不该说的说一大堆。

不要想当然地判断上司的管理风格和他听取汇报的喜好，因为每个上司都不一样。

为了更有利于你的工作，你必须主动了解上司，不断通过试探水温的方法测出他的偏好。

如何试探"水温"？

当你进入一个新的地方、有了一个新的上司后，可以先对你的上司采取最高规格的礼遇——事无巨细地汇报。

如果你的上司真的愿意授权给你，那么你汇报几次之后，他就会让你知道这一点，你就可以减少汇报的次数，或者略微减少汇报的内容。

第六点 ▶ 通过沟通了解上司的领导类型

前面，我给大家分析了 DISC 人格特型，这是上司常见的人格特质，也是他的本质特征。你不仅要了解上司的人格特质，还需要了解上司的领导类型。

领导类型有 4 种：**分析型、支配型、和蔼型和表达型**。上司的领导类型，决定了你应该用什么样的方式与他沟通。

类型 1 ▶ 分析型：严肃的智慧型领导

分析型上司的工作特征：严肃认真、有条不紊，喜欢有计划、有步骤地开展工作，也喜欢下属有计划、有步骤地开展工作。

分析型上司的优点：能够把握事情演化的脉络、抓住问题的关键，善于解决问题；有耐心，能够关注事情的细节，善于找到合乎逻辑的解决方法。

分析型上司的缺点：过于看重数据、事实，有时会显得比较冷漠，如果你和他谈太多情感，会让他不自在。

如果你的上司是分析型的，你就要迎合他的工作倾向，把你的工作计划、步骤、成果和数据呈现给他。

一个分析型上司的情感波动是非常小的，他只认数字和结果，只尊重事实。在分析型上司的手下工作，你要交出结果。他做事符合逻辑，注重事实，所以你不要和他谈论不符合逻辑的事情。

类型 2 ▶ 支配型：以自我为中心的领袖

支配型上司的工作特征：果断独立，不依靠任何人；激情洋溢，同时非常有能力；比较大度，但你不要以为他会马虎，因为他在大度的同时又非常审慎；喜欢有目的性的工作，以目标为导向；执行力强，并且要求下属的执行力也要强；喜欢直截了当，非常容易沟通；办公室一般有日历和计划要点。

　　支配型上司的优点：有控制局面的能力，同时做决策很果断；工作成果很显著，他的性格保证他做事能很快获得结果；工作时会一往无前，甚至不惜冒险；支配型的领导善于杀伐决断，非常有利于开展工作。

　　支配型上司的缺点：当支配型上司感到有压力时，他会非常快速地完成任务，有时会忽视细节。同时不重视和下属交流情感，容易导致彼此的关系紧张。

　　支配型上司做事干脆利落，但是他只以自己为中心；不喜欢别人超越他，他要一切尽在掌握之中。

类型 3 ▸ 和蔼型：团队中的黏合剂

　　和蔼型上司的工作特征：轻松、友好、善于合作；常常是和蔼可亲的；目光柔和，常常和别人进行目光接触；慢条斯理，富有诗意。

　　和蔼型上司的优点：重感情，在群体中非常受欢迎，常常受人信赖；能够成为非常好的合作者，被群体中的其他人视为倾听者。

　　和蔼型上司的缺点：常常会不相信自己；不愿意和他人起冲突，导致优柔寡断；如果问题得不到解决，他的情绪会很低落。

　　一个和蔼型的上司更适合做副职，而不是组织中的最高领导者。

类型 4 ▸ 表达型：善于表演的领导者

　　表达型上司的工作特征：幽默、合群、充满激情；非常善于协调和表达，是令人信服的领导者；讲话时习惯运用手势和动作，表情丰富，语言有逻辑；善于在工作中鼓舞人心。

表达型上司的优点：工作效率非常高；善于当众表现。

表达型上司的缺点：情绪化，如果受到强烈的批评会激烈反击；容易忽视细节；注意力也会不容易集中，显得耐心不足。

表达型上司和支配型上司一样果断，但前者的情感表达更强烈，经常滔滔不绝，非常喜欢表达自己。和一个表达型上司共处，你要理解他的表达欲，多倾听他。

表达型上司的情感波动也比较大，不喜欢在工作中和别人发生冲突。如果你的上司是表达型的，在关键时刻，你要协助他、要能够推他一把。

永远让上司"放心"：在工作中坚守原则和底线

什么是原则？原则就是你坚守的准则。原则是由无数个小的细节组成的，如超过我管辖权限的文件我绝对不签字、超出我职责的行为我绝对不做、任何危害组织利益的事情我都不会做，这些都是原则。

在我们的生活中，应该坚持很多原则：社会原则、法律原则、人格原则、道德原则、企业原则等。

你的不同身份决定了你应该坚守不同的原则。你是社会人，就应该遵循社会的原则；你是自然人，就应该遵循人格上的原则和道德上的原则；你是企业员工，就应该遵循企业的原则和职业道德的原则。

原则是用来坚持的，你不坚持它，就等于你没有原则。一个没有原则的人，人生是失控的。这就好像一辆列车，只有在轨道上才能安全行驶。这个轨道约束你、是你的原则，一旦原则不能约束你了，你就随时可能脱离轨道，把自己置于危险的境地。

守住原则就是守住自己人生的生死线。坚守专业原则是你最大的本钱。

情境

之前我做营销经理时，就常常遇到一些挑战我的专业原则的情况。有些产品没有经过调研、比对，没有做上市前的调查，就想推向市场，我是绝对不会让它上市的。

我的下属说："这个产品差不多了吧。我们的渠道已经很完美了，差不多了就上市吧。"

我说："不是我非要做得完美，是这个产品没有经过这些步骤。这样它就是一个半成品，是没有办法经受市场检验的。每年上市的新产品那么多，我轻易地放行，是对消费者不负责任，同时也是对公司不负责任，因为一个不合格的产品是不可能持久赢利的，这个产品的生命周期也不会长。"

情境解析

这是我对专业原则的坚守。多年来，我靠着坚守原则获得了上司的信任。

当你守住了自己的原则，你也就成就了自己，你个人就会形成品牌效应，以后无论你去哪里，别人都会对你有持久的信赖。

PART 02

升职加薪：正确汇报工作要注意的问题

在职场上，不是你所有的努力都会被看到，在汇报工作时，要么展示了自己的能力，要么展示了自己的愚蠢，要么赢得了上司的赞赏，要么得到了上司的鄙夷。

本章将全面解析正确汇报工作的内容和技术要点，解答以下4个问题：如何正确地汇报工作？你了解上司对你"汇报工作"的期待吗？汇报过程中到底该如何有效沟通？如何汇报工作才能实现真正的向上管理？

❓ 问题 1　什么是正确的汇报工作

⏱ 建立机制：形成有效的工作汇报机制

所谓工作机制，是一个公司员工的工作程序、规则的有机联系和有效运转。工作机制是一个相辅相成的整体，贯穿于公司员工工作的各个环节。

在职场中，员工不但要把事情做好，更要向上司汇报好你的工作。虽然汇报工作的形式很多，但要想真正做到让上司满意，通过高效的向上汇报工作来获得上司的赞赏和信任，就必须形成有效的工作汇报机制。

向上司汇报工作的作用，一是让上司支持、配合你把工作更好地完成；二是加强你和上司的沟通，拉近彼此之间的关系。如果你不能正确地通过汇报工作来和上司进行有效沟通，轻则给你的工作带来困难，重则给公司造成巨大的损失。

〜〜〜〜〜〜〜〜〜〜 情境 〜〜〜〜〜〜〜〜〜〜

张经理把一项工作分配给下属小王，约定的完成日期是一个月。小王接受任务并展开工作，一周之后，张经理发现小王几乎从不主动找自己汇报工作。于是张经理只能不厌其烦地找小王询问工作进展，并且不断催促小王的工作进度。

　　小王一方面因为张经理不断询问而产生抵触情绪，另一方面在工作中确实出现了问题，但是他没有主动把问题汇报给张经理，反而做了掩饰。

　　张经理以为小王的工作已经进入正轨，于是放松了询问和催促，也没有给出更多的指导。结果工作没能按期完成，最后一天小王才把这个情况汇报给张经理，张经理也没有时间做出更多补救，最后给公司造成了损失。

情境解析

　　是什么导致了这一后果？小王在汇报工作的问题上究竟犯了哪些错？

　　首先，小王缺乏主动汇报的意识。由于他没有主动汇报工作，上司不得不频繁地询问。

　　其次，小王没有及时汇报问题。在工作出问题时，他没有及时汇报，导致上司做出了错误的判断。

　　最后，小王没有提前汇报延期。在发现工作没有办法如期完成时，小王没有提前汇报，导致直到最后上司才被动知道。

　　综合起来，小王的错误在于没有建立起有效的工作汇报机制。

　　初入职场时，你可能会疑惑：汇报就汇报，为什么还要建立汇报机制？汇报机制有什么必要性和作用？

　　缺乏有效的工作汇报机制，会加大工作中的沟通成本，使工作没有办法协调统一，无法及时处理和解决工作中的问题，并且会使上司感到很头疼。

　　任何上司都不喜欢不会汇报工作的下属。

　　如果你还没有学会汇报工作和建立起完善的工作汇报机制，说明你还未达到职业化的标准。

学会汇报工作的第一步，就是建立起完善的工作汇报机制。

工作汇报机制的作用是什么？汇报机制的建立是为了统一工作和制约行为。

在一家企业中，机制无处不在。从管理机制的形式划分，企业内的机制分为3种。

第一种是行政计划式的运行机制，即以计划、行政的手段把各个部分统一起来，目的是统一。

第二种是指导服务式的运行机制，即以指导服务的方式协调各部分之间的关系，目的是协调。

第三种是监督管理式的运行机制，即以监督管理的方式管控各部分之间的关系，目的是管控。

工作汇报机制属于第一种，是行政计划式的运行机制。你汇报的对象是上司。站在上司的角度看，工作汇报是非常严谨的事情，工作汇报机制可以把彼此的工作统一、连接起来。

企业机制从功能上划分可分为激励机制、制约机制和保障机制。激励机制是调动管理活动主体的积极性的一种机制；制约机制是保证管理活动有序化、规范化的一种机制；保障机制是为管理活动提供物质和精神条件的一种机制。

工作汇报机制属于制约机制。

工作汇报机制可以制约无序行为，使工作随时处于可控状态。总结一下，企业内部的工作机制划分见表2-1。

建立汇报机制，你需要对5个内容进行主动汇报：进度、需求、业绩、意外和困难、建议和规划，如图2-1所示。

表2-1　企业内部的工作机制划分

	工作机制	内容	类形
以形式划分	行政计划式	以计划行政的手段把各个部分统一起来，目的是统一	工作汇报机制属于"行政计划式"的运行机制
	指导服务式	以指导服务的方式协调各部分之间的相互关系，目的是协调	
	监督管理式	以监督管理的方式管控各部分之间的关系，目的是管控	
以功能划分	激励机制	调动管理活动主体的积极性	工作汇报机制属于"制约机制"
	制约机制	保证管理活动有序化、规范化	
	保障机制	为管理活动提供物质和精神条件	

需要主动汇报的5个内容

进度

需求

业绩

意外和困难

建议和规划

图2-1　需要主动汇报的5个内容

汇报内容1 ▶ 进度

　　上司把一项工作交给你，那么你就有义务在工作过程中向他汇报进度。如果工作有了新的进展，也可以随时汇报。

　　如果工作进展顺利，可以按照既定的节奏汇报；如果工作进展不顺利，则需要及时反馈和汇报；如果需要申请延期，更应该提前申请，并说明延期的原因和延迟的时间。一般来说，申请延期都需要提前汇报。

汇报内容 2 ▸ 需求

多数工作不是你凭一己之力就可以完成的，你可能需要申请人力或物力来支持你的工作，这时你就需要向自己的上司汇报你的需求。但是要注意，汇报需求是你的义务，是否同意你的请求是上司的权力。如果上司不同意你的请求，你就该寻找其他办法。

汇报内容 3 ▸ 业绩

汇报业绩分为两种情况：业绩已完成和业绩未能完成。

如果业绩完成了，直接汇报即可；如果业绩没有完成，就需要说明业绩目标是多少，实际完成了多少、还差多少，没有完成的原因是什么，这个问题是不是能解决，预计完成时间是什么。

汇报内容 4 ▸ 意外和困难

遇到困难和问题要及时汇报，遇到意外情况也需要第一时间汇报。任何时候都不要隐瞒你遇到的困难，不要期望你能自己默默地解决；即便你可以自己解决，你的上司也有知情权。

汇报内容 5 ▸ 建议和规划

这里的建议和规划可以是工作上新的建议和规划，也可以是对现有工作情况的改善意见。在汇报建议和规划时，应该把提出建议的原因描述清楚，同时说出你的建议和它能够带来的好处，而不是盲目汇报。

工作汇报的机制要做到简单化、科学化和习惯化。

简单化：简单明确

汇报要避免长篇大论和复杂的描述，要尽量简单明确。

下面我列出了汇报机制的 5 个内容，每个内容对应一个模板，见表 2-2。

表 2-2　日常汇报的模板

内容		模板
汇报进度	进度顺利	关于 ×× 工作，目前工作进度是_____，已经完成_____，还未完成_____，计划在_____（日期）之前完成。您看可以吗
	进度不顺利（需要延期）	
汇报需求	需要物力	关于 ×× 工作，目前我需要_____，您看能不能帮我协调
	需要人力	
汇报业绩	达标	这个月的业绩目标是_____，完成了_____，离目标还有_____，没有完成是因为_____，这个问题以后将_____解决。您看行不行
	不达标	
汇报困难和意外情况	困难、问题	关于 ×× 工作，目前出现了一些意外情况，这个情况是_____，我能想到的解决方法有_____，您看怎么解决
	意外情况	
汇报建议和规划	汇报新建议	我对_____方面有了一些想法，产生这个想法的原因是_____，我的想法是_____，能够起到的作用是_____。您看怎么样
	汇报改善建议	

简单化的汇报：**先描述现状（一般来说几句话就可以把问题描述清楚），再提出问题（而不是擅做主张），然后等待上司的回应。**

在你汇报工作的时候，也要使自己的汇报简单化、明确化。

科学化：有始有终

参加过军训的人可能记得，每天早晚列队时总少不了汇报：

"报告长官，今天应到×人，实到×人，有×人事假、×人病假……"每次略有变化，但最后一句永远不变——"报告完毕"。

"报告完毕"是一种简单明了、有头有尾的汇报话术，此语一出，长官便对已经发生的情况做到心中有数。

在你汇报工作时，可以用"您看怎么样""您的意见是什么""您说这样可以吗"作为结束语。

通常来说，一份工作周期是一个月的工作，你需要至少一个星期汇报两次。每周一汇报这周的计划，每周五汇报这周工作的完成情况。

习惯化：积极主动

汇报是一种职业习惯，同时也是双方达成工作共识的沟通方式，汇报是一种必须采用的沟通途径。没有定期汇报，工作就容易陷入失控状态。

汇报既是配合又是默契。汇报是下属的义务，也是下属的日常工作。要积极主动地向上司汇报你的工作。即使上司不要求汇报，自己也要主动汇报，要让汇报工作成为你的习惯。"机制"是看不见的默契，"强制"是看得见的管控。

建立汇报机制的意义：让上司时刻心中有数，对你的工作情况永远处于放心状态。这也是汇报的价值所在。

⏱ 厘清思路：9个步骤厘清汇报思路

多年的工作经验使我发现正确的汇报工作是有方法的，即在汇报工作前厘清你的思路，找出重点，也就是上司爱听的那部分；忽略次要的那部分。汇报工作就像我们写命题作文一样，中心突出。特别是对于那些性格内向的人，在汇报工作时尽量打个草稿，提前准备一下，否则，你就会像下例中的小乔那样，在关键时刻掉链子。

〜〜〜〜〜　**情境**　〜〜〜〜〜

小乔向上司汇报工作时总是很紧张，抓不住重点，每次上司一问，他就不知道怎么回答了。他工作时明明很努力，也做出过一些成绩，可是在回答上司的询问时，总是语无伦次、毫无章法。

最害怕的环节到来了！小乔结束了一个月的漫长工作，期间各种辛苦，熬夜加班，数次搞定客户，终于到了工作汇报的时候了。在场的不仅有自己的领导，还有其他部门的领导和同事，小乔必须对自己过去一个月的工作过程和成果做个总结。

随着领导介绍结束，小乔站了起来准备汇报，可是他张口结舌，不知道自己究竟要说什么了。

〜〜〜〜〜　**情境解析**　〜〜〜〜〜

汇报的内容不明确，是因为你思路不清晰。如果有清晰的汇报思路，当然就不怕汇报工作了。

9 个简单的步骤能够帮你厘清自己的汇报思路，如图 2-2 所示。

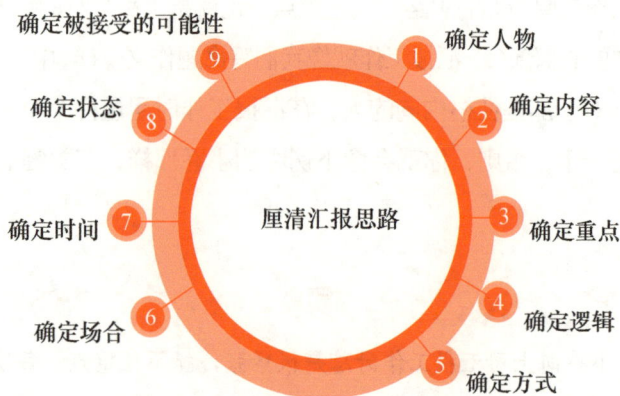

图 2-2　9 步厘清汇报思路

第一步 ▶ 确定人物

你准备汇报给谁听？是一个人还是几个人？

如果你要向一群人汇报，如当着全公司人的面做工作汇报，那么他们中谁才是你真正的听众？是你的领导，还是你的同事？

只有确定了汇报对象，才能开展下一步的工作。

第二步 ▶ 确定内容

汇报什么内容？

你知道自己要说什么吗？有人汇报工作时思维混乱，自己都不知道自己要表达什么。这就是没考虑清楚就张口的结果。

在汇报工作中有 3 个简单的汇报模型，见表 2-3。

表2-3　3种汇报模型

	汇报内容	详细描述	适用情况
Why-What-How（起因、内容、方法）	Why（起因）	事件的起因是什么	• 汇报现状和解决方案 • 汇报相对简单的问题
	What（内容）	我们需要什么	
	How（方法）	如何达成目的	
5W1H（内容、起因、时间、地点、人物、解决方式或过程）	What（内容）	发生了什么	• 需要全面分析一个问题 • 需要对问题的本质进行研究 • 事例较具体
	Why（起因）	事件的起因是什么	
	When（时间）	什么时候	
	Where（地点）	什么地点	
	Who（人物）	事件、人物	
	How（解决方式或过程）	具体的解决过程是什么	
STAR（情景、任务、行动、效果）	Situation（情景）	交代情景	• 总结已经完成的事情的经过（描述完整的前因后果） • 汇报工作进度和阐述行动建议
	Task（任务）	阐述需要完成的任务	
	Action（行动）	采取的行动是什么	
	Result（结果）	行动能够产生或已产生的结果是什么	

模型1：Why—What—How，即分别描述事件/工作/项目的起因、内容和方法。

模型2：5W1H，即分别描述事件的内容、起因、时间、地点、人物以及解决的方式或过程。

模型3：STAR模型是汇报工作进度常用的模型，即交代背景、

需要完成的任务、任务的完成情况和结果。

这 3 个模型可以应用于大多数工作汇报，能帮助你梳理过程，有条理地呈现汇报的内容，使你的汇报更有效。

第三步 ▶ 确定重点

你汇报中的关键部分是什么？

一次汇报的重点应该只有一个，而这个重点应该是能用一两句话表达清楚的。

第四步 ▶ 确定逻辑

工作汇报的逻辑是什么？

基本的逻辑有时间逻辑、事件逻辑、空间逻辑等。

例如，汇报工作的进展情况，你就可以使用时间逻辑，从过去到现在，选取几个时间点来汇报。

逻辑的使用可以使你的汇报内容更清晰，展示得更直观。

第五步 ▶ 确定方式

应该用什么方式汇报？简单的内容可以使用口头汇报的形式。如果口头汇报不方便，使用即时通信工具也可以。

如果汇报的内容比较复杂，就需要用邮件或汇报公文来汇报，附件可以是参考的文件资料。

更复杂的内容，可能就需要做成 PPT，然后通过专题汇报会当众汇报。

汇报内容决定了你应该采用何种汇报形式。

那么，你该如何汇报工作？因事制宜，因人制宜，因时制宜。

在不同的情况下，面对不同的人，你要选择不同的汇报方式。

有效果的方式就是好的方式，效果有时比道理更重要。

第六步 ▶ 确定场合

在什么场合汇报？是单独去上司的办公室汇报，还是在会议上公开汇报？

第七步 ▶ 确定时间

在什么时间汇报？汇报大概要花多长时间？汇报的那个时间段是不是合适？这些点都要考虑到。

第八步 ▶ 确定状态

上司是否处于"听汇报"的状态？如果上司不在状态，那么你有几个选择：如果是非常小的事情，可以拖一下，等他在状态了再汇报；要么用几句话总结一下你要汇报的内容，然后申请隔日再汇报。但是注意：如果汇报的内容非常紧急，即使上司不在状态，你也要把他"拉回状态"。

有的职场新人就犯过这样的错误，他有件非常紧急的事情找上司汇报，结果上司正在为另外一件事着急。上司看他也不像有什么要事的样子，就把他轰了出来。第二天，上司发现耽误事了，把他叫到办公室训了一顿。他还特别委屈，找到我，问我这种情况该怎么办。

我说："你在汇报工作之前，要看上司是不是在状态。如果上司不在状态，而且你汇报的是小事，就可以先拖一拖。如果是重要和紧急的事情，而上司不在状态，那你在汇报之前，就要先说：

'领导，这个事情很重要、很紧急，所以我来找您汇报。'他听了你的话，自然会把注意力放到你身上。你不仅是上司的下属，还应该是上司的助手。"

第九步 ▶ 确定被接受的可能性

上司能否接受你的工作汇报？如果上司不接受，那么他不接受的原因是什么？如何解决上司不能接受的问题？

突出重点：分清轻重缓急再汇报

德国诗人歌德曾说过："重要之事绝不可受芝麻绿豆小事的牵绊。"人在职场，每天有许许多多的事情等着你去做，如果你不分主次地进行工作，那么就会出现"丢了西瓜"却连"芝麻"也捡不到的尴尬局面，使一些本来可以"生出效益的时间"白白地浪费掉了。

向上司汇报工作也是同样的道理，要知道如何分清轻重缓急，就是重要的和着急的事情要先说，无关重要的事情可以缓缓再说。

情境

小王，28 岁，是市场推广专员。小王和小李同时入职市场部，一年后，小王发现自己总是在扮演吃力不讨好的那个角色，虽然自己做了很多工作，但是得不到上司的赏识。举个例子，每次他去找上司汇报工作，上司都会不耐烦地打断他："这点小事就不要找我汇报了，你自己不能解决吗？"

但是他不去找上司汇报工作时，上司又怒气冲冲地找到他："为什么那件事你还不向我汇报？非要我问你才行吗？"

小王还注意到，小李每次找上司汇报工作时，得到的都是夸奖。即使小李汇报的也是很小的事，上司也会说："很好，这样的细节你都关注到了。"

某次，在小王又一次汇报不得法后，上司叹息着说："你就是不会汇报重点。"

情境解析

小王的汇报真的和小李一样吗？那为什么小李总能得到上司的夸奖，小王只被评价为"分不清重点"？

在汇报工作时，小王和小李对汇报内容的判断，对事件的重要性判断以及能否对工作提出建设性意见，都有极大的不同。

很多人汇报工作时词不达意，常常会被上司打断：你到底想要表达什么？

这就是汇报没有重点导致的。**你要汇报工作，首先要做的就是从内容中择取重点，然后有重点地汇报。**

汇报的重点内容同样也是汇报的目的。如果你没弄清楚自己汇报的目的，你汇报的内容将是混乱的。

例如，向领导汇报工作方案，你的目的是要争取方案通过，还是只是为了阐述不成熟的方案、求得领导的指导？如果是前者，你汇报时应该充分阐述方案的利弊，重在优势环节；如果是后者，你汇报的重点就应该放在阐述不完善的地方。

不要让潜意识主导你的语言

为什么有的人不会沟通和报告？

你的言语最终反映的是你的内心，如果你还没有想明白，又怎么可能说得明白？有人说："老师，我不知道该汇报什么，我表达不好。"其实你表达的问题，最终还是思考的问题。一个人先天条理性不好，后天又没有注意过，那他的言语很容易呈现"意识流"。他的潜意识主导了他的嘴。想到什么说什么，因为嘴不可能比脑子快，所以他说的内容就呈现跳跃性。大脑的思考模式常常是关联性的，由 A 联想到 B，由 B 联想到 C。

一次，我和一个朋友出去吃午饭，他说："我想想吃什么啊。"刚说完这句话，他又说："唉，那些人怎么搞的啊！"

从他的言语上看，他说："我想想吃什么啊—唉，那些人怎么搞的啊！"

我觉得这件事很有意思，就询问他的思路，他自己都没有意识到自己说话的跳跃性。他对我说，他的思路是中午要吃饭—上次吃的广东菜还不错—和谁吃的？和一个客户吃的，双方还签了一个合同—那个合同签了，但是现在因为对方的问题延迟—他们怎么搞的啊。

这种跳跃性的思维反映到话中，就显得毫无逻辑性。要有意识地控制你说的内容，而不是让表达随着潜意识走。防止潜意识主导沟通的方法见表 2-4。

表 2-4　如何防止潜意识主导沟通

意识	方法
自检意识	在谈话、汇报的过程中，随时保持警惕：我是否跑题了？我还在既定的路线上吗？如果跑题了，赶紧回到正轨
次序意识	有意识地使自己的汇报呈现次序性，使逻辑表达更加顺畅："说到……我想起来……"
目的意识	牢记你汇报的目的是什么，有目的性，你的汇报才能有的放矢
解构意识	解构汇报的内容，将其分成第一、第二、第三

确定表达的次序和逻辑

在向上司汇报的时候要分主次，不但要精练，还要能够引起上司的兴趣。你一定要知道，上司关注的是哪个工作、上司想先听哪个工作。

我做管理工作的时候，每个月都会在总经理办公会议上强调工作重点，我的一些聪明的下属，就会先汇报我强调的内容。

- 强调紧急的。
- 强调重要的。
- 强调和上司利益关系密切的。
- 强调上司关心的。

按照时间顺序汇报：当你汇报业务时，你可以先总结过去一个季度的表现；然后再分析当前遇到的机遇和挑战，总结要点；最后对下一季度进行展望，对需要改进的地方加以阐述。

按照影响力排序汇报：先说影响重大的因素，然后说次要的。

按照沟通对象的关心程度汇报：先说沟通对象关心的问题，再抛出其他问题。

我所在的公司曾经做过一个训练。先设计一个很难汇报的题目，然后使用电梯练习汇报，电梯从1楼到14楼，要求领导在这个时间内把题目内容汇报清楚。这个方式很好地训练了领导的汇报能力。

任何能力都是训练出来的。你也可以采取"限时1分钟汇报"的方式训练自己的汇报能力。

简明扼要：学会用3句话总结你要说的内容

向上司汇报工作时，如何快速、简明扼要地把大量的工作总结并汇报清楚，是每个职场精英必备的技能。前提是，你在汇报前要把工作的逻辑梳理清楚，厘清前因后果。切记在汇报的时候长篇大论，讲一些不重要的细枝末节，或你把一个问题汇报大半天，这都是错误的。这不但会耽误上司过多的时间，还会让上司怀疑你的工作方式有问题。所以汇报时切记要简明扼要、调理清楚、逻辑通顺。

情境

某公司市场部经理找领导汇报工作。他进入总裁办公室后，开始汇报近期的工作情况和计划方案，说了大约 10 分钟，仍然没有说到重点。

总裁开始还耐着性子听，后来突然指着门说："出去！你先想好要说什么再来。"

那位经理面红耳赤，默默地退出了办公室。出了总裁办公室的门，他镇静了半天，仍然非常恼火：为什么自己才说了 10 分钟总裁就生气了？为什么他不愿意听我汇报？难道我汇报的内容不重要吗？

后来，在公司例会上，总裁发言："你们知道每天有多少人找我汇报工作吗？我上周统计了一下，合计 116 人次。这是什么概念？如果每个人都汇报 10 分钟，那每周我听汇报就要听 1160 分钟，等于 19 个小时，平均每天 3.87 小时。如果每个人汇报工作用 20 分钟，那我每周听汇报就要花费 2320 分钟，等于 38 个小时，平均到 5 个工作日内，就是每天 7.7 小时。每天我的法定工作时间才 8 个小时，我却要花费 7.7 个小时听你们汇报，每个人来找我汇报之前，要先想好你要说什么、你说的重点是什么，想好怎么用精简的语言、简单的方式汇报清楚。如果你做不到，那你不要来找我。如果你做不到 3 分钟内说清楚重点，做不到简明扼要，那你就不要进我的门。我没有时间处理你们那些废话连篇的问题！"

经理听完，羞愧得无地自容。

情境解析

很多人抱怨自己的上司总是没有耐心听自己说话，事实上，通常领导者的职位级别越高，对下属汇报工作的水平要求就越高。案例中的经理自认为他只花了总裁一点儿时间，结果总裁就发火了。

但是，从总裁的角度想一想：有多少人找他汇报？如果每个人都耽误他 20 分钟，一周他就被耽误 38 个小时。每个下属浪费一点儿时间，累积到领导者那里，就是极大地浪费时间。

当你向上汇报工作时，一定要把效率放在第一位。

学会简明扼要地汇报，就是帮你的领导节省时间、创造效益

汇报工作时，简明扼要地汇报不仅是一种能力，也是一种心态上的追求。汇报内容是你要汇报什么，简明扼要是你应该怎样汇报。

我们上学时都学过"总分总"——先总结，再分别描述，最后再总结。

汇报的结果最重要，追求汇报过程可能会使你说起来没完没了。要学会把你汇报的内容归纳出个一、二、三来。可以这样对领导说："领导，我向你汇报三项工作。第一项是……第二项是……第三项是……"然后观察领导的神情，领导在听哪件事时表现得

比较专注，你就着重汇报哪个内容。

有人说：我不会总结啊。那也没关系，有几种简单的方法可以帮助你总结你的汇报。

方法 1 ▶ **三点逻辑：学会分层次汇报，浓缩的才是精华**

三点逻辑的精髓在于总结和归类，三种方法、三个时间、三个方面、三种方位、三个工作……把内容分成三块来阐述，就是三点逻辑。

在公司会议上，总经理提出要实现下一个年度公司业绩增长30% 的目标，让大家说说如何实现。

问到王经理时，王经理略微思索了一下：提升业绩—业绩由什么决定—市场、人力、营销—所以提升业绩的 3 个关键在于开发市场、提升业务员的业务水平和加大营销力度。

于是王经理就说："我认为咱们公司要提升业绩，有三块内容要加强：第一，只是现有市场是不够的，我们应该在巩固现有市场的基础上开发新市场；第二，我们的业务员的工作方式和业务水平还需要培训和加强；第三，我们营销的力度还要加大。"

总经理点点头，说："对，那我们现在就分别讨论以下 3 个问题。"

任何事情都可以总结出个一、二、三来，你在说话、汇报，甚至思考的时候，都应该有意识地训练自己，用"一、二、三点"来说话、汇报和思考。

方法 2 ▶ **收益逻辑：价值描述**

要汇报好处、汇报收益和汇报价值，不要汇报无关紧要的细节。

方法 3 ▶ 汇报结果，不要刻意汇报过程

有人在向领导汇报工作时，特别喜欢汇报一些无关紧要的过程，他认为这个过程特别能体现他的努力工作，但是领导对这些其实是不感兴趣的。

如果领导不问你，你就不要刻意汇报细节。在给领导汇报的时候尽量少说废话，要尽量在短时间内完成。

方法 4 ▶ 按时间逻辑迅速整理思路

在工作中，时间逻辑是我们常用也是好用的逻辑。过去、现在、未来是时间逻辑的精髓所在。

某次，一个学员小 C 在外地出差时接到了总经理的电话。一般情况下，他这个级别的员工是接触不到总经理的，这次能接到总经理打来的电话，可能是总经理对这个项目特别重视。

总经理在电话里问："项目 A 进行得如何了？"

小 C 立刻感到紧张：首先，项目 A 之前一直处于搁浅状态，这两天才重启；搁浅的原因十分复杂，绝不是一两句话就能描述清楚的。但是，总经理显然没有时间听这些。

如果小 C 说"项目 A 的情况我现在没办法说清楚，这两天已经在进行了"，总经理肯定大怒，他的工作都有可能保不住了。而且电话和面谈不一样，没有人喜欢在电话里听别人长篇大论地解释。

这时小 C 该如何汇报呢？他使用了时间逻辑，用三句话说清楚了："总经理，这个项目是这样的：之前出了一些小差错，使项目停止了，在两周前我们专门和客户一起开了会，共识是协商出

一个大家都满意的方案；目前，我们公司已经制订出了一个不错的方案并发给客户，等待他们的回复；等我和您汇报完，我立刻致电对方，询问他们对目前方案的意见。"

总经理听了挺满意，说："你先别催了，等他们主动给你回复。你一收到回复，就把情况立刻汇报给我。"

小 C 答应了。挂了电话，小 C 发现自己竟然吓出了一身冷汗。

小 C 的应对非常巧妙。

第一句话：之前出了一些小差错，使项目停止了，在两周前我们专门和客户一起开了会，共识是协商出一个大家都满意的方案。（过去时间）

第二句话：目前，我们公司已经制订出一个不错的方案，已经发给客户公司，等待他们的回复。（现在时间）

第三句话：等我和您汇报完，我立刻致电对方，询问他们对目前方案的意见。（未来时间）

仔细分析他的这三句话，没有什么实际内容，项目可以说没有实质性的进展，但是他用三句话总结现状，用过去、现在、未来的时间逻辑来分析，非常巧妙地完成了自己的汇报。

能够展开的汇报才是成功的

当你向领导汇报工作的时候，先说一、二、三点，然后领导会说："你汇报的这个，第 × 点我特别感兴趣，你详细说明一下。"

然后你就可以详细汇报，和领导者展开讨论，这种汇报才是成功的。你的汇报内容要能够引起领导的讨论兴趣。

数据说话：数据比简单陈述概况更有说服力

在工作中，当你向上司汇报工作时，运用确切的数据能够把冗长的语言叙述的事实或观点表达得更加具体、明确、直观。所以，学会用数字说话，在汇报工作时是非常重要的。

～～～～～～～～～～ **情境** ～～～～～～～～～～

20世纪70年代，日本有"畅销书之王"美誉的出版商神吉先生，策划了一本通过人的行为、动作、微表情来判断内心想法的书，拟定名字是《读心术》。神吉先生认为这本书出版后一定会大卖特卖，但是光有自己的策划是远远不够的，还需要一个人把自己的想法写出来。他选定的作者就是著名的心理学家多湖辉。当多湖辉问到需要多少时间来写完时，神吉先生说最好两个月内。

但是，多湖辉从来没写过书。写书是一项非常复杂、辛苦的工作，何况要在两个月内完成呢？也就是说，对于多湖辉而言，两个月内写完一本书＝复杂的工作。

因此，多湖辉一开始没有答应神吉先生。为了使多湖辉答应，神吉先生给他演示了一道数学题："其实很简单啊，这本书大概需要300页，你现在开始动手写，每天只要写5页就可以了！"通过一道简单的数学题，神吉先生把这个工作变成了简单的工作，即从"两个月内写完一本书"变成"每天只要写5页就可以了"。多湖辉想：每天5页，好像也不是很难完成的工作，自己以前给杂志写过一些稿子，比这写得多的时候有的是，于是多湖辉答应了神吉先生的请求。

聪明的商人常常用数字来说服和打动人们购买，保险公司也会打出广告"每天两元，保证您一生平安"。数据在谈话中有重要的作用。

让数据说话

数据能够将语言叙述的事实具体化、明确化，特别是当你需要向对方论证一个问题时就显得更加重要。同时数据能够让沟通的内容变得更加生动。

当你想将自己的一个观点表达出来时，只依靠言语的表达会显得有些无力，这时你就需要加入数据帮你强化自己的观点，虽然有时没有加入数据对方可能也会同意你的观点，但是这种认可很容易动摇："他说的确实是正确的吗？""这样做会得到他所说的结果吗？"

数据能够精确地衡量现状、说明问题。

数据通常比语言描述更有效果。例如，你在电梯里碰见了总经理，他随口问你："这个月你的工作怎么样？"

如果你也是随口回答："还可以。"那么，很可能你就失去了一个表现自己的机会。

你可以回答："这个月工作业绩还不错，目标是 100 万元，现在已经完成了 90 万元，下周还有一个有意向的客户，预计能够签下 30 万元的合同。"

如果你用这些数据汇报你的工作，让对方得到具体的信息，那么将更令对方信服。

在汇报时引用数据能够给领导留下精确印象

在与他人沟通中，如果经常使用准确的数据，能够给对方留下良好的印象，让对方感觉你是一个严谨、认真的人。

当你的领导询问你什么时候能完成一项工作时，如果你回答"应该快了"，就很容易让他产生你在敷衍的感觉。你完全可以在回答中加入具体数据，如"大约还有一个小时就可以完成"。

当你的同事询问你"今天外面的天气怎么样"时，如果你回答"有点儿冷"，就不如加上数据回答："外面气温大概在零下5℃，有点儿冷。"不同的人对待冷热的标准可能不同，也许零下5℃对方觉得是可以接受的温度，而你就觉得非常寒冷，因此如"有点儿冷""有点儿热"之类的模糊的回答很容易让他人产生误解。

要想让沟通变得更加高效，就要在可以用数据表达的地方引用数据。

洗耳恭听：倾听是技术也是艺术

平常我们与上司接触的机会并不多，即使接触，也是在谈论工作，而向上司汇报工作那可是每天要做的事情。如何能够在汇报工作这么短的时间内，把工作汇报得让上司满意呢？这就是学会倾听的艺术。

情境

作家刘墉曾经对他的儿子讲过一件影响他一生的真事。

刘墉上大学的时候，曾代表自己的学校加入"社团负责人研习会"，这个研习会中的人都是各个学校中的社团负责人，也是各个学校中的精英。

在这个社团中，会长一职的竞争非常激烈。会长不仅是各校精英的领导者，还要对外发言，带领这个精英团体进行活动。

竞选会长需要上台演讲，参与竞选的有十几个人，演讲的顺序是抽签确定的。刘墉抽到了最后一个，别人都说这是最不利的，因为前面的人的政见都发表完了，你也说不出什么新意来。

果然，在刘墉之前的十几个竞选者，每个人都讲得头头是道，发挥各有千秋，看起来每个人都非常出色。

轮到刘墉发言时，他竟然把自己早就准备好的演讲稿扔掉了，什么都没拿就上台了。

上台以后，他做了一件事——他把前面演讲的十几个人的政见要点依次提了出来。

每说到一个人的政见，他就对那个人点头表示敬意，表示他对那个人的政见、观点的认同，甚至他能够说出那个人的名字。

刘墉能做到这一点，得益于其惊人的记忆力和组织分析能力，更重要的是，在别人都很用心地背自己的演讲稿的时候，刘墉却在听别人发表政见。

在对所有人的政见加以评论和综合后，刘墉说出了自己的看法，他同时强调：自己的能力并不比在座的人强，但是自己有为大家服务的热忱。

结果当选的人是刘墉。刘墉本人对这件事的分析是，他的记忆和分析能力在他论述每个人的政见时被充分证明了，更重要的是，他耐心倾听了每个人的政见并记住了，这使他人产生了被尊重和被重视的良好感觉。

情境解析

如果你参加竞选，发表完了自己的看法，结果发现大家都很优秀，你其实很一般、肯定无法当选，那么你会投票给谁？是咄咄逼人否定你的人，还是对你说的话耐心倾听、肯定你的人？答案是不言而喻的。

在这个社会中，那些能力较强、个性较强的人，永远不会是最好的沟通者。

能获得他人内心肯定的人，绝不是那些否定他人意见的人，而是肯定他人的人，这是破坏者和建设者的区别。

聪明的肯定者能够在双方的不同意见中找出小小的共同点，然后肯定那一点、强调那一点，使对方充分感受到自己是受重视的。这样之后，他才会把自己的观点说出来。

所以说，倾听是技术，同时也是艺术。

我们在汇报的时候，也要学会洗耳恭听。

当你汇报完，领导者通常会对你汇报的内容做出反馈。这个反馈是他对你汇报内容的理解，是对你工作的指导，是他提出的异议，也可能是他表达的想法。不管领导说的内容属于哪一种，你都需要认真倾听。

你要听清楚领导说的内容，同时揣摩他的用意。

从领导的话中，你也可以评估出领导对你的汇报的评价：**领导对你的汇报是满意的还是不满意的。**

从领导的话中，你也可以看到他对你的看法：**他对你的工作持什么态度，对你的表现满意还是不满意。**

从领导的话中，你还可以听出：**他满意的地方在哪里，不满**

意的地方在哪里。

听是为了更好地汇报，听了领导的反馈，你才知道领导对你的汇报的理解和看法，你才能更好地进一步说明和反馈。

听的时候要有耐心、要细心，要站在对方的立场去听。听是一种艺术，要尽快进入听的状态，听完要尽快切换到说的状态。

领导想让你听的时候，其实是你的一种责任。

我依个人经验总结的"听字诀"与大家分享：**"坐立不正，不听；面无微笑，不听；目无接触，不听；心无尊重，不听；情绪激动，不听；持有偏见，不听；打断对方，不听；妄下结论，不听。"**

当领导表现出以下情态的时候——坐立不安的时候，眼睛和你没有接触的时候，情绪很激动的时候，说明他其实没有进入听的状态。

当领导没有进入听的状态时，你就不要说了，可以让他先说，你来听。他内心肯定有想法，你一定要让他把想法说出来，而不是憋在心里。

你对领导洗耳恭听时应满足的要求

❶ 坐立端正，眼神接触

别人说话的时候，坐端正是对对方最基本的尊重。有时我想起来要交代下属一件事情，会到他的工位上跟他说，这时他可能在工作，也可能在喝水等。但是，我去说事时，他不管在干什么，一定会放下手中的活儿，把身体转向我，坐直了才听。

他这个态度就很端正。当你坐着，领导和你说话的时候，你不一定要站起来（平时说话也站起来就太刻意了），但是你一定要让你的领导感到你对他的尊重、你是在认真地听他讲话。

想象一下：你在看电脑屏幕，你的领导过来找你说事，你虽然在听，但是眼睛还看着电脑屏幕，身体朝着电脑屏幕，即使你认为你听得很认真，这种情景领导会有什么感受？

当然是非常不受尊重。一个人是不是专业、是不是进入职业状态了，他的一个动作、一个眼神、一个表情，都可能露出他的底。

甚至可以说，露的还有他的家教。可能他在家里，对他的父母也是这种态度。不管父母说什么，他头也不回、脸也不转。但是，你在家里，可以对父母这样，出了校门，进了职场，你就不能对自己的领导这样。即使对同事，你也要表现出很好的尊重和倾听态度。

只要你在一个环境中生存，你就要遵守这个环境的规则。

❷ 集中精力，专注倾听

集中精力是倾听基本的要求之一，也是对领导基本的尊重之一。集中精力倾听要求你坐端正以后，专注地听领导说话，并且从内心对领导说的话感兴趣，对领导说的内容加以思考：**他在说什么？他为什么要这么说？他需要我做什么？**

要提醒的一点是在听领导谈话时不要玩手机。如今智能手机非常普及，手机功能也越来越多，上网页、聊微信、发微博等功能应有尽有。绝大多数人是随身携带手机，新的信息随时会由手机传递过来，如果你在听领导讲话时不断地使用手机，这会让领导感觉非常不舒服，会认为你不尊重他。

❸ 点头微笑，给予回应

学会在沟通时向对方微笑，这是认同对方的表现。如果对方认为你并没有认同他的观点，那么对方也不会愿意安静地倾听你的观点。在微笑时，你也可以从言语上表示出认同和鼓励，让对方感受到你的认可和尊重。

给予回应，就是给予对方言语上的补充和回应，如在领导说话的间隙，你可以说"您说得非常对""我也是这么认为的""对这个我很感兴趣，可以说得更具体点吗？"等。这些话语没有什么实际含义，却会让对方很舒服，会让对方愿意对你说得更多。

❹ 保持礼貌，不要打断

在他人说话时打断对方是一种很不礼貌的行为。一个人在讲话的时候，他的大脑也正在不停地运转，思考前面说的内容，同时整理后面要表达的内容，然后通过语言表达出来。你突然打断对方的话，也会打断对方的思维。大多数人不喜欢这种感觉，就如同睡觉睡到一半被人吵醒一样，大脑会转不过弯来。这时无论你说什么，对方都会听不进去。你千万不要以为，你打断别人的话，别人就会听你说话。

我们会打断别人的话，通常有3个原因：第一，我们认为自己了解到对方要说的要点了；第二，我们认为对方说得不对，急于反驳对方说的话；第三，我们认同对方说的话，但是急于发表自己的意见。以上3个原因都是你"自我"的原因，是你的"自我"在起作用。可以说，当你打断别人时，你的自我也侵犯了他人的自我。

正确的做法是**不管对方说的内容你是否已经了解，不管对方说得对不对，也不管你是不是急于发表自己的意见，你都应该听对方说完，再做出反应。**

每个人都有想要将自己的内心想法、情感表达出来的时候，所以要给他人充分表达意见、想法的机会。

❺ 受到领导批评时你要控制情绪

所有人都有情绪，尤其是在受到批评时。如果你不懂得控制情绪，就很容易让这些情绪影响你，甚至做出不理智的行为。

无论你处于什么职位，都需要学会对自己的情绪进行控制。即使领导批评你时批评得不对，你也要先克制自己，先让对方把情绪发泄出来，你再巧妙应对。

如果对方的情绪很激动，你就不要试图用道理说服对方，因为此时对方受到情绪的控制，和他讲道理是没有意义的。要想安抚对方的情绪，首先要做的就是安静地倾听，让他将情绪发泄出来。

🕐 复述要点："检查""补漏""应变"和"营造良好的氛围"

我们知道，在工作当中向上司汇报工作是自己的例行公事。在汇报工作的时候，如果你抓不住汇报的重点，不能抓住上司关注的事情，你的汇报可能适得其反，所以我建议大家在向上司汇报工作时，必须掌握向上司汇报工作的要点，围绕这些要点来汇报，会让上司满意，也能让自己得到想要的效果。

〰〰〰〰〰〰 **情境** 〰〰〰〰〰〰

"你明白了吗？""你听懂我说的了吗？""你到底听没听？"……

小王最讨厌听的一句话，就是上司总是问他的那句："你明白了吗？"

每次上司向他交代工作，布置完任务，总是不断地问他："你明白了吗？"

如果小王说"明白了"，上司还会继续说："那你谈谈你的理解。"

　　然后小王就被迫复述一遍要点。如果复述的内容出错了，上司还会说"我说你没明白吧"，然后不厌其烦地纠正。

　　小王抱怨说："我又不是傻子！为什么上司总是问我明白没，还不断要求我重复？"

情境解析

　　是啊，为什么上司总是问你"你明白了吗？"很简单，因为你没有表现出"你明白了"。当上司向你布置完任务、交代完工作，甚至教你做一些事情时，他不确定你是装懂还是真懂，所以他会用不断地问你，来确定你真的懂了。

　　所以，错的不是你的上司，而是你。

　　主动在上司说完后复述要点，是你应该做到的，是你的责任和义务，是你工作的一部分。如果你像小王那样被上司要求复述要点，那就是你的问题了。

　　复述要点是你谦虚的态度和尊重上司的表现。我在检查下属工作的时候，就要求他们复述要点。

　　例如，我要去上海出差，于是把北京的工作交代给下属小何："我说了5件事，这5件事是你工作的重点，一个月内你要完成这5件事。一个月后，我会检查。这5件事你记住了吗？"

　　他说："第一件事是……第二件事是……第三件事是……第四件好像是……第五件事可能是……"

　　这时候如果他回答得不正确，我就知道他没有记住。

　　聪明的下属会在领导安排工作时，条件反射似的找出纸笔来记录。领导说完后也会主动复述。

　　更重要的是，复述要点能够达到"检查""补漏""应变"和"营造良好氛围"的效果。

目的1 ▶ 检查：检查双方的理解是否有偏差

你复述要点时，上司就能知道你的理解到不到位。不到位的地方，上司可以帮助你纠正，避免你的认知出现偏差。

复述要点是一个达成共识的过程。因为沟通很容易陷入"想当然""我以为"的情况，如果你能够及时进行复述，你就能够检查你们互相的理解有没有偏差。

目的2 ▶ 补漏：补充遗漏的地方

人的大脑不是计算机，有可能上司刚说完你就忘了其中一些点，那么复述要点的时候，上司就可以帮你补充你遗漏的地方。

同时，上司也不是完人，他可能也会有一些忘记说的点，如果他忘记说了，就可以在你复述要点的过程中发现自己遗漏的点，然后及时补充。

目的3 ▶ 应变：复述要点的过程也是沟通和改变的机会

如果你对上司的话有异议，那么通过复述要点阐述自己的意见将是非常好的选择。

目的4 ▶ 营造良好的氛围

听和说的互动过程，非常有利于增添谈话的趣味性。这个过程很有趣、不单调，因为一来一往的过程会比单纯的一问一答通畅很多。

复述方法 1 ▶ 学会重复和总结

用"一、二、三"总结对方说的话。

将对方的话语重复确认，这点也十分重要。通过重复对方话语中重点的部分，可以避免因为未听清或者疏忽而产生巨大的分歧或者误解。

在我多年的沟通实践中，重复是我非常喜欢用的一种方法，如对方告诉我"今天我们要讨论三点内容"。我听完之后，就可以用"一、二、三"对内容进行归纳和反馈，找到谈话内容的重点。例如，说："李总，我们刚才用了一小时讨论了主要内容，我归纳总结了一下，第一……第二……第三……您看我理解的是否和您说的一致？"

对所沟通的内容进行归纳总结，能够让对方知道你掌握、了解的沟通内容的程度。

复述方法 2 ▶ 给予补充

在非正式场合随意聊天时，如果想要和对方聊得欢快起来，补充对方的话也是十分重要的。有些不善于和他人沟通的人，在听他人说话时总是一言不发，这会让对方觉得十分尴尬，通常不愿意再继续聊下去。那我们应该怎样避免这种情况呢？可以采用"FEELING—TURE"补充法则。FEELING 是感受，TURE 是事实。

这条法则要求我们：**当对方表达自己的感受时，你可以补充相关的事实；当对方陈述自己经历过的事时，你可以将自己对这件事的感受补充进去。**

例如，对方说："今天天气太冷了，我的手都要冻僵了。"你可以补充说："确实如此，据说今天零下10℃，早上出门时我发现门口的河面已经牢牢地冻住了。"

　　如果对方说："我昨天发烧，所以没有来上班。"你可以对发烧这个事实进行感受补充："上次我发烧的时候头非常痛，浑身都没有力气，只能躺在床上。"

　　通过对对方的"感受"或"事实"进行补充，能够让对话十分流畅地进行下去，并且让对方感到你了解他所想表达的意思、你十分认同他的观点，而不是在进行一次无趣的闲聊。

准备工作的作用：把每次汇报当成展示自己的机会

　　汇报工作是非常考验能力的事情，如果你能做出好的工作汇报，就能让上司肯定你的能力，进而对你刮目相看；如果你在汇报中表现得不够好，上司可能会对你有些看法。

　　在职场中，要把每次汇报都当成自己展示能力的机会。

　　古典名著《红楼梦》中有一副对联："世事洞明皆学问，人情练达即文章。"事实上，《红楼梦》博大精深，世相万千，书中有关人情、职场的描写也精彩至极。

　　其中有一节，低等小丫鬟小红抓住了一次替王熙凤捎话的机会，通过干脆利落的言语，出色地完成了汇报工作，充分展示了她的能力，因而被王熙凤看上，一下就"攀了高枝"，从低等丫鬟一跃成为王熙凤的贴身丫鬟。以下是书中的相关片段。

　　只见凤姐站在山坡上招手儿，小红便连忙弃了众人，跑至凤姐前，堆着笑问："奶奶使唤做什么事？"凤姐打量了一回，见她生得干净俏丽，说话知趣，因笑道："我的丫头们今儿没跟进我来。我这会子想起一件事来，要使唤个人出去，不知你能干不能干、说得齐全不齐全？"小红笑道："奶奶有什么话，只管吩咐我说去；

要说得不齐全、误了奶奶的事，任凭奶奶责罚就是了。"凤姐笑道："你是哪位姑娘屋里的？我使你出去，她回来找你，我好替你说。"小红道："我是宝二爷屋里的。"凤姐听了笑道："哎哟！你原来是宝玉屋里的，怪道呢。也罢了，等他问，我替你说。你到我们家告诉你平姐姐，外头屋里桌子上汝窑盘子架儿底下放着一卷银子，那是一百二十两，给绣匠的工价。等张材家的来，当面称给他瞧了，再给他拿去。还有一件事：里头床头儿上有个小荷包儿，拿了来。"小红听说，答应着，撤身去了。

....

　　到了李氏房中，果见凤姐在这里和李氏说话儿呢。小红上来回道："平姐姐说：奶奶刚出来了，她就把银子收起来了；才张材家的来取，当面称了给他拿了去了。"说着，将荷包递上去。

　　又道："平姐姐叫我来回奶奶：才旺儿进来讨奶奶的示下，好往那家子去，平姐姐就把那话按着奶奶的主意打发他去了。"凤姐笑道："他怎么按着我的主意打发去了呢？"小红道："平姐姐说：'我们奶奶问这里奶奶好。我们二爷没在家。虽然迟了两天，只管请奶奶放心。等五奶奶好些，我们奶奶还会了五奶奶来瞧奶奶呢。五奶奶前儿打发了人来说：舅奶奶带了信来了，问奶奶好，还要和这里的姑奶奶寻几丸延年神验万金丹；若有了，奶奶打发人来，只管送在我们奶奶这里。明儿有人去，就顺路给那边舅奶奶带了去。'"小红还未说完，李氏笑道："哎哟！这话我就不懂了，什么'奶奶''爷爷'的一大堆。"

　　凤姐笑道："怨不得你不懂，这是四五门子的话呢。"说着，又向小红笑道："好孩子，难为你说得齐全，不像他们扭扭捏捏、蚊子似的。嫂子不知道，如今除了我随手使的这几个丫头、老婆子外，我就怕和别人说话：他们必定把一句话拉长了，做两三截儿，咬文嚼字，拿着腔儿，哼哼唧唧的。急得我冒火，他们哪里知道？我们平儿先也是这么着，我就问着她：难道必定装蚊子哼哼就算美人儿了？说了几遭儿才好些儿了。"李纨笑道："都像你泼辣货才好。"

凤姐道："这个丫头就好。刚才这两遭说话虽不多，口角儿就很剪断。"……

凤姐也笑道："既这么着，明儿我和宝玉说，叫他再要人，叫这丫头跟我去。可不知本人愿意不愿意？"小红笑道："愿意不愿意，我们也不敢说。只是跟着奶奶，我们学些眉眼高低、出入上下，大小的事儿，也得见识见识。"

小红善于把握机会，利用一次汇报完成了身份的大越级。在这次汇报中，小红通过 4 个步骤，成功地赢得了王熙凤的赏识，见表 2-5。

表 2-5　小红汇报的 4 个步骤

4 个步骤	实际表现	书中描述
第一步，抓住机遇	在上司需要人的时候，主动上前询问，抓住机遇	小红本来在山坡上和别人聊天，看到王熙凤招手，就主动跑了过去	只见凤姐站在山坡上招手儿，小红便连忙弃了众人，跑至凤姐前
第二步，打消疑虑	面对不信任自己的上司，聪明地打消上司的疑虑	一开始王熙凤怀疑小红能否捎好话，但是小红三言两语就打消了她的疑虑。她没有说"我一定能干好"，而是说"我做不好、误了事情，您就责罚我"，显得自信又谦虚	奶奶有什么话，只管吩咐我说去；要说得不齐全、误了奶奶的事，任凭奶奶责罚就是了

续表

4 个步骤		实际表现	书中描述
第三步，赢得赏识	小红完成任务后向王熙凤汇报，出色的汇报表现赢得了上司的赏识	这是非常关键的一步。小红完成任务后向王熙凤汇报，汇报完整、详细、明确、条理清晰，显示出出色的办事能力和语言表达能力。连王熙凤都说："好孩子，难为你说得齐全。"要评价小红表现得多么出色，就要对比别人的汇报表现：别人汇报时会把一句话拉长，做三两截儿，咬文嚼字，拿着腔儿，急得王熙凤直冒火。而小红出色的汇报表现，让王熙凤起了招揽之心	他们必定把一句话拉长了，做两三截儿，咬文嚼字，拿着腔儿，哼哼唧唧的。急得我冒火，他们哪里知道
第四步，妥善应对	成功地在不得罪自己原有上司的基础上，应对了新上司的招揽	王熙凤问小红愿不愿意跟着自己，这是跳几级的升级，相当于从底层的勤杂工，一跃变成总经理助理。小红对王熙凤的招揽显然是非常乐意的，但是难得的是她还记着本分，没有直接答应王熙凤，而是婉转地表达了自己的乐意态度。这样既尊重了自己的前上司贾宝玉（"愿意不愿意，我们也不敢说"），又向王熙凤表了自己愿意跟着她的心	愿意不愿意，我们也不敢说。只是跟着奶奶，我们学些眉眼高低、出入上下，大小的事儿，也得见识见识

第一步 ▶ 抓住每次能够表现自己的工作机会和汇报机会

　　机遇稍纵即逝。不管你平时的工作能力多么强，如果不善于抓住机遇，你也会湮没在职场的众人中。要抓住每次向上司表现的机会，机会是靠主动赢来的。

第二步 ▶ 用言语和行动打消上司的疑虑

机会的给予权掌握在上司手中，有时不是你想抓住就能抓住的。如果上司对你的工作能力、工作态度有所疑虑，不知道要不要把机会给你，那你就要打消他的疑虑，使他信任你、给你这个机会。打消疑虑可以通过平时的出色表现，也可以像小红一样，通过言语让上司放心。不要夸赞自己，那样会显得轻浮、不可信；而要用自己"愿意做、同时愿意承担责任"的表态让上司相信你。

第三步 ▶ 用实际的表现赢得赏识

能不能表现出色，源自你平时能力的积累，源自工作时的细心，更源自汇报之前内心一次次的排演。我相信小红在向王熙凤汇报之前，内心一定是激动而渴望的，她在去向王熙凤汇报的路上，一定把自己汇报的过程在心里排演了好多次。

一个员工能不能通过表现赢得赏识，首先取决于他有没有这种强烈的愿望。有了愿望，才会努力，才会全力以赴，才会注意工作中的每个细节。如果你想通过汇报赢得机遇，那么道理也是如此。

第四步 ▶ 妥善应对原上司和新上司

小红在应对新上司招揽时，并没有马上表现出对新职位的渴望和欣喜，因为原上司也是位高权重，不能轻易表现出对新上司献媚而得罪原上司。这一点在职场上尤其要注意，不能有了升职的机会就什么都不顾了，原上司和新上司都不能得罪，一定要顾及两方面的感受，让双方都对你有一个良好的印象，同时你的品德也会被大家看到，以后有升职的机会大家还会想到你。

问题 2　上司希望你如何汇报工作

主动汇报：不要等上司问了你才说

作为下属，要学会换位思考，如在向上司汇报工作时，你先想一想，假如我是上司，希望下属如何向我汇报工作。一种是下属汇报工作不积极，能不汇报就不汇报，经常让你猜谜语，或者是等到问题出现了，你才知道这个下属事先没有向你沟通；另一种是下属汇报工作很积极，虽然不是事事向你汇报，但能够让你随时了解下属的工作状态，同时，你对这位下属的工作能力也很了解。

这么一比较，你会发现第二种下属，虽然不断地汇报工作让你费心，但是你却乐在其中。因为相比于第二种员工，第二种员工的工作效率更高。所以，你要力争做第二种员工。接受一项任务后，不要等上司来找你问问题，而是要自己先发现问题，做好解决问题的准备，及时向上司汇报。

～～～～～～～～～～～ **情境** ～～～～～～～～～～

晨曦工作4年了，平时工作认真谨慎，兢兢业业，业绩也不错，但是他比较内向，不善言辞，同时性格比较好强，觉得把自己的工作做好就是完成任务了，不愿与上司接触。就这样，晨曦虽然在工作中的表现一贯不错，但是始终得不到上司的赏识。

和晨曦相反，他的同事王明就非常喜欢和上司沟通，经常找上司汇报工作，一天一小汇报，一周一大汇报，每个月还在上司没有要求的情况下交一份工作心得和总结。

公司接了一个大客户的单子，上司非常重视，把这项任务派到晨曦所在的部门。晨曦也非常激动，认为终于有机会做一个显示自己能力的案子了。但是出乎晨曦的意料，在晨会上，上司宣布这个案子的主要负责人是王明。晨曦找到上司，问："为什么是王明？他的能力明明不如我。"

上司回答："因为王明汇报工作积极主动，他会随时让我了解他的动态。虽然他能力不是最强的，但是他的状态永远可控。这个案子太重要了，如果交给你，等于全权委托给你，你不会每天都向我汇报、使我掌握你的进度的。这样风险太大，我不放心。"

晨曦无奈地从上司的办公室出来了。慢慢地，他好像明白了什么。

~~~~~~~~~ **情境解析** ~~~~~~~~~

有人认为：我每天做好自己的工作就可以了，为什么还总是要汇报工作？汇报工作只是一种形式而已。

这是不清楚自己的工作内容的表现：**汇报工作不是工作的形式，汇报本身就是工作。汇报工作本身就是你职责的一部分。**

企业中的成员分3个层次：高层、中层和基层。高层的特性在于"想"和"说"，需要思考大局，并把自己的想法传达给下属。中层的特性是"说"和"做"，这个"说"就是把工作汇报给上司，然后带领下属去"做"。基层的特性在于"做"与"说"，"做"就是做事，即执行上司的命令，"说"就是"汇报"。因此，不管你是企业的基层还是中层人员，汇报都是你工作中非常重要的一部分，都是你不能推卸的重要职责。

做事在前，你得先做，然后再汇报。对基层员工来说，虽然"做"在"说"前，但是"说"和"做"同样重要。

每个合格的员工都是善于汇报的。因为在汇报工作的过程中，你不仅履行了自己的义务，还能够得到上司的赏识和指导，这一切都有助于你更快地在职场中成长。

很多员工在向上汇报和沟通的时候，常常表现出自卑和胆怯。上司都是很忙的，有时会忽视和下属的沟通，因此很多下属就以为沟通的主动权掌握在上司手中，上司不找自己，自己就可以安心地不主动沟通和汇报。还有的人因为性格内向，害怕和上司沟通，信奉"多一事不如少一事"。长此以往，不仅会给上司留下一个沉闷、无能的印象，还会影响自己开展工作。要改变行为，首先要转换心态。

你的工作不是为上司负责，而是为自己、为企业、为工作本身负责。主动沟通汇报是你工作的职责。当你的心态改变时，主动汇报就不是什么问题了。

每个上司都希望自己的下属能够像时钟那样主动、精确、准时地汇报

上司希望你如何汇报呢？

每个上司都希望他的下属能够像时钟一样，主动、精确、准时地汇报。只有他等你主动汇报等不下去的时候，才会去问你，所以当上司问你时才汇报，那是你的失误。

汇报工作也是你和上司建立信任的过程，你主动汇报，说明你尊重他。企业的管理者永远离不开的两样东西是他的上司对他的信任和他的下属对他的信任。

上司如何判断你是否尊重他？一个非常重要的指标就是你会不会经常性、习惯性地主动向他请示、汇报。你的主动汇报，就是对他的尊重。

如果你不主动汇报，你的上司就会有疑问。那些心胸相对开阔的上司只是会因此担心你的工作状况，认为你是因为太忙了导致疏忽，是无心之失。但是大多数上司会这样猜测：**他不汇报是出什么事情了吗？是出了无法解决的问题，还是他眼里根本就没有我这个上司啊？**

你肯定不希望上司这样猜测你。因为他如果认定你不可靠，倒霉的肯定是你。无论你的资历有多深、能力有多强，你都只能在上司的支持和允许下工作。没有上司的支持和允许，你是不可能顺利地开展工作的。

那么，你应该在什么时候主动汇报呢？具体如图 2-3 所示。

什么时候需要
主动汇报

- 完成工作时
- 工作进行时
- 工作将被拖延时
- 工作出问题时
- 工作顺利时

图 2-3　主动汇报的时间点

根据上司的偏好调整你汇报的频率和内容

不同性格的上司有着不同的工作方式和行为模式，这些行为模式也包括了不同的听汇报的习惯。因此，你要站在公司和上司的角度思考和汇报。

你汇报的内容和方案，应该是站在上司的角度详细考虑过的。

在汇报问题的解决方案时，大多数员工只从自己的角度出发，考虑"我需要干什么"；而成熟的员工则会从上司的角度思考和汇报，从上司和公司的立场考虑如何解决问题。

例如，在遇到问题时，员工的着眼点常常是"解决眼前的问题"，所以汇报的方案通常围绕"如何解决这个问题"。但是，对上司来说，一个问题的解决并不是结束，如何在以后避免类似的问题重复出现才更重要。只有站在公司和上司的角度思考问题，你提出的方案才是有效的解决方案。

一次这样做，你会受到夸奖；多次这样做，你会受到赏识；每次都这样做，你会成为公司和上司最可依赖、信任的人才。

如果你汇报的时候，上司在忙怎么办

你有很紧急的事情需要上司处理，但是上司因为忙不愿意处理，你该怎么办？你有事情向上司汇报："我想把上周的工作情况给您汇报一下，您现在方便吗？"

上司说："过一会儿吧，我现在有件急事要处理。"

你的应对就应该是"那我等您处理完再来"或"那我一个小时后再过来"。

如果上司说："好的，不过我只有 5 分钟时间。"

那你的应对就应该是"其实，我只会耽误您 4 分钟时间。昨天的方案我做好了，大概是这么个情况……"

如果上司很有兴趣，你再继续说。如果上司什么也没说，表情犹豫，或者勉强回应，那你的应对方法应该是先把方案打印出来交给上司，然后说："等您看完后我再向您汇报细节。"

主动汇报有助于你获取最新的情报

在实际工作中，我们经常会碰到一项计划在执行过程中出现问题、不得不进行调整的情况。碰到这种情况时，通常上司会把调整方案告诉员工。但上司也会有出错的时候，如果你能够主动向上司汇报工作情况，你很快就会得到变动的消息；反之，如果这段时间你的工作都是无用功，公司也会遭到更大的损失。

主动汇报工作也是获取上司支持和帮助的方法。

当你主动向上司汇报工作时，上司会对你的工作进行指导，告诉你哪些地方出现了问题、哪些地方可以改进，以提高你的工作效率。我们在工作当中都会有出现失误的时候，这时你会发现很多问题是因为之前没有和上司沟通才出现的，如果经常和上司沟通，就能避免这些问题。

在工作当中，员工对上司的意图理解错误也会导致工作出现错误，造成付出了许多却没有收获的情况。

如果因为你的失误让公司遭受了重大的损失，公司肯定要追责，这时矛头就会指向你，因为你做事之前没有和上司沟通，上司并不清楚你的具体工作情况，你需要承担大部分的责任。如果你及时和上司进行了沟通，最后出现了问题，上司就应该承担大部分责任，因为上司了解你的工作，要承担领导责任。

准备充分：准备充分的材料和备选方案

我的学员中，有几位是名企的高管，他们在谈到下属汇报工作时，令他们头疼的是下属总爱做无效的工作汇报。

　　所谓无效的工作汇报，就是下属向上司汇报工作时，虽然材料准备得很充分，解决问题的方案也有。可是，等他准备的这个方案通不过后，也就没有了下文。也就是说，白白浪费了上司和自己半天时间，问题也没有解决。所以，聪明的下属向上司汇报工作时，除了准备充分的工作材料外，还会准备备选方案例，即第一方案，第二方案，甚至第三方案。总之，总有一种方案会让上司满意的。

情境

　　随着新进企业的员工越来越多，某部门要购进一批微波炉，以解决中午员工热饭不方便的问题。这件事交由小赵负责。因为小赵的上司是个非常严谨的人，所以小赵更加严格要求自己，做事尽量做到全面、周到。

　　在上司提了大致的意见后，小赵就开始自己"做功课"，他在计算了需要热饭的人数和热饭时间，并参考了其他部门的情况后，拟定了一个购置微波炉的方案。

　　小赵认为自己考虑得很周全了，结果递交方案后，上司说："总体思路是对的，但是有个问题：这些微波炉的功率是不是有点大了？你考虑过咱们部门的电压荷载了吗？按照你的方案运作，咱们部门会不会因为电压超负荷而跳闸？你有没有备选方案？"

　　小赵被问得哑口无言。

情境解析

　　作为下属，小赵的表现称得上合格，但是还远未达到出色。虽然他已经尽力了，但是从上司所问的问题中，可以看出他的思考还是不够周全。

你可能会问我：如何才能思考周全呢？

我只能遗憾地回答：在一开始，你可能很难思考得像上司那样周全。把事情考虑周全，一方面由你的主观意愿决定（你必须非常想把事情做好），另一方面由经验决定。随着你做的事情越来越多，工作经验积累得越多，你会渐渐成长为一个做事周密、滴水不漏的人。

只要你有这种意愿，又愿意朝着这个方向努力，一开始的疏漏和失误并不算什么。你的上司也不会因为你一开始的不周全而责怪你，因为每个人的成长都需要时间。

想把事情考虑周全，我能给出的秘诀只有一个：用心去做每件事情。

要围绕事件中心（如买微波炉），先准备好充分的材料，查阅资料和指标，以及以往类似的例子。查阅资料的工作能够使你的思路清晰起来，使你对工作方向有一个大概的了解。然后通过周密的思考完善你的准备工作。在此，我建议采取思维导图的方式，列出每个相关的问题和指标。例如，做完每个方案后都问自己：**是不是足够完善？还有其他可以补充的地方吗？如果产生问题，那么问题可能是什么？**

最坏的情况是"一问三不知"

在向上司汇报之前，要先全面考虑：上司会问我哪些问题？要提前考虑上司担心的问题，并且准备好你的答案，答案应该是真实的案例和数据。

多和上司沟通，了解上司的意图和工作方法，也能够使上司明白你的意图，让你的工作方向不出现偏差。

⏱ 效率第一：用最短的时间说出重点内容

在工作当中，上司对员工的要求是要结果不要过程。所以，你在向上司汇报工作时，一定要学会用最短的时间说出上司最关注的内容。例如，你完成了一项工作后，可以这样向上司汇报："这项工作我用了一周的时间，完成的工作任务有……运用的方法是……中间实施了哪些步骤。"用这种简明扼要的方式汇报工作，能让上司在最短的时间内听到想听的汇报，可以说是上司最喜欢的汇报工作的方式。

〰〰〰〰〰〰 **情境** 〰〰〰〰〰〰

一次，我帮助一家公司争取一个大客户。为了这个订单，这家公司已经筹备了半年多，但是他们还是没有信心做好最后的汇报，于是请我作为顾问协助汇报。我负责的是最后一个环节——效益环节。

整个汇报大约用两个小时，前一个半小时是介绍企业的背景、资金状况、技术等，后半个小时留给我。但是，在汇报的前一天的晚上，公司总裁突然打电话给我说："老师，对方临时更改了时间，汇报时间要压缩到 40 分钟，您汇报的时间就只能压缩到 10 分钟，您看可以吗？"

我听得出来他非常紧张，我略想了一下，肯定地说："来得及。"

到了汇报的时候，我准备了一下就开始展示。我用精简的语言说出明确的效益，我可以感受到客户的状态明显不一样了，他们的身体从坐直到前倾，只用了很短的时间——所有人都知道前倾是一个明确的表示有兴趣的符号。最后这次汇报当然成功了，合同也顺利签了下来。

情境解析

要学会用最短的时间归纳你能带给他人的效益。当你能用最短的时间说出你能带给客户的效益时，你的汇报就成功了。

但是，台上一分钟，台下十年功。你可知道，为了那 10 分钟的汇报，我查阅了几十本书，翻阅了几百个汇报案例，查阅了大量关于这家公司的投资记录，整整准备了 3 个月。

所有看起来简单的成功汇报，都是背后精心设计的结果。

另外，要给你的汇报设定一个时间上的目标：如果是面对面汇报，你的汇报最好不要超过 5 分钟，要用简短的语言在短时内说完简单的工作事项；如果在网上沟通和汇报，最好第一句话就直切重点，如果你一开始就说废话，那么过程会变得松散。

假如你在一家全球性的大型企业工作，你会发现你每天的工作内容就是沟通，从跨部门的沟通到跨分公司的沟通。你也会发现很多人的沟通方式太复杂，如前奏太多、后续太长、中间节奏太慢。但是到了更高的层级，人员之间的沟通反而很简单。

效率决定人和人之间的区别，越是位于高层的人越重视效率。

效率是一笔你可能没有意识到的巨大财富。从现在开始，请注重挖掘它。

越短的汇报就越难讲，因为每句都要切入重点。这就要求你在汇报之前考虑清楚：**我应该从哪里开始？事情的背景是什么？我说的重点在哪里？方法是什么？核心价值是什么？结构如何部署？**这些思考决定了你的汇报效果。你想得越清楚，你就会说得越清楚。

在日常工作中，为追求效率，你需要有意识地简化工作汇报流程。

简化工作汇报流程，可以减少管理时间，减少内耗。简化工作汇报，能使公司内部的工作效率大幅提升，部门与部门之间沟通所耗费的时间也将大大减少。如果部门内部汇报、讨论一件事情要花费一天的时间，那么部门与部门之间的沟通，花费的时间就只多不少，这样就会浪费资源和降低效率。

结论先行：先说出结论，再阐述内容

我前面多次强调，上司对下属的工作要求是注重结果。所以，在向上司汇报工作时，先把工作结果讲出来，然后再讲内容。例如，你在讲这段时间所做的工作时，可以先把做得比较不错的项目和做得欠妥的项目讲出来，然后再分析其中的原因。这样汇报的好处，一是让上司一目了然你的工作范围，二是会吊起上司想知道你的工作内容的胃口。

情境

某公司于某年年初制定了年度销售额增长 20%、在新市场 Y 市的市场占有率达到 10% 的目标。该公司对市场开发一向很重视，市场开发人员的待遇优厚，许多销售员在争取这个机会。经过层层选拔，销售员小冯被销售总监派到 Y 市开发新的市场。离开之前，销售总监对小冯多加鼓励和期许，小冯也向总监表达了自己开发 Y 市市场的信心和决心。

但是，小冯到了 Y 市才发现，这里的市场竞争非常激烈，大客户已经被市场上的几大本地公司瓜分了，相对来说，小客户受到的重视较少。因此，小冯确定了方案：要打开这里的市场，只能先从小客户开始，站稳了脚后再慢慢向大客户渗透。

小冯埋头苦干了几个月，也取得了一些小小的成绩。一次，销售总监来 Y 市出差，顺便视察小冯的工作。

小冯喋喋不休地向总监汇报自己这几个月的努力、如何争取本地的客户、打开新市场有多艰难，他想先抑后扬，先诉说辛苦，再告诉总监自己取得的成绩，以为这样总监会对自己刮目相看。没想到，他说着说着，总监突然打断他说："你还记得咱们公司今年在 Y 市的销售目标吗？"

小冯愣了下，说："目标是市场占有率达到 10%。总监，虽然我还没有达到这个数字……"

总监再次打断他说："那你为什么不把精力放在开发大客户上？围着小客户打转你能做出什么成绩？"

说完，总监就离开了。小冯想向总监汇报更多的情况，但是总监已经不给他时间了。

总监回到公司的第三天，就一纸调令把小冯调回了总公司，小冯几个月的努力付诸东流。

情境解析

案例中发生的这种情况，和小冯平时不注意向上司汇报自己的工作动态有一定的关系。但是，更重要的是，如果小冯能够一开始就告诉总监自己已经取得了一些成绩，并且汇报自己先开发小客户的意图和原因，他就不会被调走了。

汇报工作时要养成先说结论，再阐述过程的习惯，因为上司最关心的就是结果。努力未必能产生价值，只有结果才有价值。

在电影《时尚女魔头》里，时尚杂志总编听安迪汇报工作时，无情地打断她："我对你无能的细节不感兴趣。"诚哉斯言！

越重要的事，越要先说结果。

我们对比一下两种汇报方式，见表2-6。

表2-6　两种汇报方式的比较

汇报方式	内容
流水账式汇报	上司：美国公司那笔单子怎么样了？ 销售员：美国公司那个单子可费了我不少力气。一开始我不知道那个客户住哪儿，通过打对方秘书的电话才确定他下榻的酒店。为了获得他的好感，我一共去了他的酒店5次，每次我都带着充分的资料，充分地展示了我们公司的诚意…… 上司：美国公司的合同到底成没成？ 销售员：成了，合同签了
先说结果式汇报	上司：美国公司那笔单子怎么样了？ 销售员：美国公司那个单子已经顺利签约了。 上司：哦？怎么弄的？ 销售员：美国公司那个单子可费了我不少力气。一开始我不知道那个客户住哪儿，通过打对方秘书的电话才确定他下榻的酒店。为了获得他的好感，我一共去了他的酒店5次，每次我都带着充分的资料，充分地展示了我们公司的诚意……最后客户还是被我的诚意感动了。 上司：好

如果你是上司，你会喜欢哪种汇报方式？答案不言而喻。

越重要的事情，越要先说结果，不要让上司直到最后才知道你要表达什么。汇报工作的时候，只有你才会关心过程和细节，而上司最关心的只有结果，只有知道结果了，他才会有心情听细节和过程。

如果上司听了结果后，什么都没说，你就不必再汇报细节，因为上司的表现说明，对这件事而言，他知道结果就够了；如果上司听了你说的结果后，表现出对事情的过程感兴趣，你就可以从中挑选精彩的地方向他汇报，那些无关紧要的细节就可以省略了。

有人汇报工作就像记流水账一样，上司既抓不到重点，也不知道结果，越听越烦，最后给上司留下的只能是一个办事拖拖拉拉、汇报毫无重点、不堪大用的印象。

上司也需要通过结果判断事情的性质，了解事情的轻重缓急并思考对策，因此汇报时要做到"先见林、再见树"。

先从大的、整体的工作汇报，使你的上司对你的工作现状、进度有个基本概念，然后再汇报你需要他提供意见、需要他拿主意的地方。

先对方案有个整体的描述，然后再把方案中具体的项目、条款、期限和人力资源的要求等进行详细的汇报。

汇报也是具有时效性的

时效性是很多人在汇报工作时会忽视的问题，而实际上，时效性对汇报工作的效力起了很大作用。例如，当你完成了一项非常困难的任务或者解决了难以攻克的难题时，这个时候是向上司汇报工作的好时机。如果你没有及时汇报，而是拖了一段时间才汇报，这时你的上司可能已经对你所完成的任务或者所解决的难题失去了兴趣，你的汇报也就显得有些多余。及时汇报会让上司对你产生信任感，以后当你在工作中遇到困难时，相信上司也会对你格外关心，帮助你完成工作。

在向上司汇报工作时还要注意汇报技巧。在汇报前，你要了解上司所关心的是哪部分的工作。绝大多数上司不喜欢学术论文一般的汇报，他们每天有许多事情需要处理，没有太多的时间放在听取汇报上，所以对于上司所关心的工作要重点汇报，其他工作简要带过即可。如对行政文员来说，每日公司车辆的使用情况、办公室的卫生情况等这样的工作没有什么汇报价值，可以一句带过，对于一些突发情况或者例外情况则需要重点汇报。例如，因为出现紧急情况，而公司其他车辆都不在，所以将上司的专车暂时派出去了，这样的情况就属于突发情况，员工需要重点汇报。

中途汇报：让上司随时掌握你的动态

下属在向上司汇报工作时，要谨记汇报工作的要领，即在工作进行到一定程度时，要保证上司了解你的工作进展。这就需要你在工作中遇到难题或是工作中取得成果时，随时向上司进行汇报。这样上司心中会对你的工作有一个大致的了解，并给予不同程度的帮助和支持。

这么做的好处有很多，一旦事情进展不顺，这个时候上司就有时间来做出应变了，所以，在工作过程中，一定要适时地把工作进展汇报给上司。

情境

小陈刚刚进入公司，职位是总监助理。一天，总监对小陈说："你通知小冯来我办公室一下。"

小陈说："好的。"然后他在公司里找了一圈，没有发现小冯。于是她打电话给小冯，说："冯哥，总监让您去一趟他的办公室。"

小冯说："没问题。我在外边忙业务，马上就回去。"

公司管理并不严格，而且小冯是业务人员，工作时间有弹性。小陈听完小冯的话，以为小冯真的会"马上"回来。她认为自己的工作完成了，于是就回到座位上开始处理其他事务。没想到，过了一个小时，总监怒气冲冲地找到小陈，质问她："你怎么回事？让你叫小冯来我办公室，小冯他人呢？"

小陈一下就傻了，结结巴巴地说："我通知过他了，他说马上就去您办公室，我以为他已经去了，我真的通知小冯了……"

总监不等小陈说完，甩门就走了。小陈感到十分委屈。

又过了一个小时，小冯才回来。小陈正好看见小冯进入总监办公室，只见小冯很殷勤地说："总监，您找我？"

小陈以为总监会像训斥自己那样训斥小冯，没想到总监不但没提这事，反而很热情地招呼小冯进了办公室。

小陈想不明白自己到底做错了什么。

情境解析

问题：总监让小陈通知小冯，小陈打电话给小冯，她的工作完成了吗？

答案：当然没有。通知了当事人并不算完成了工作，只有小冯进入总监的办公室，小陈的工作才能算是"完成"，这期间的通知行为只是中间过程。工作没完成，小陈就需要把没有完成的原因反馈给总监。

前面我讲过，汇报工作的第一个要点就是建立汇报机制。汇报机制也包括反馈机制，你要把工作的中途情况反馈给自己的上司。

小陈既然没有立刻把小冯叫到办公室，就应该立刻汇报。如果总监有很急的事情，要么可以催催小冯，要么立刻换人解决。小陈的疏忽耽误了总监的时间。

正确的应对方式是，如果小冯说"我马上就回去"，小陈就应该立刻问："好的，那大概需要多久？"

小冯说："差不多一个多小时吧。"

　　小陈可以说："好的。总监让我请您去办公室，可能是有急事，要不您给他打个电话说一下？"

　　不管小冯答不答应给总监打电话，小陈挂下电话后，都应该立刻向总监汇报："总监，您让我通知小冯我已经通知了。他不在公司，我打电话问了他，他说在外边忙业务，回到公司至少还需要一个多小时。"

　　如果总监说"让小冯给我打电话"，小陈就可以说"我已经让他给您打电话了"；如果总监没有说让小冯打电话，那么小陈就可以不提这件事情。

　　这样中途汇报就算完了吗？

　　还没有完。前面我说了，只有工作 100% 做完才算完。在这个案例里，只有小冯进入办公室或者有人替代小冯进入办公室，小陈的工作才算完成。

　　做完中途汇报后，小陈可以先去做自己的事情，如果过了一个多小时，小冯仍然没回来，小陈就可以主动找到总监，说："总监，您看小冯还没回来，是再等等，还是我替您叫别人来？"

　　在其位而谋其政，谋其政而司其职。你的职责就是对你的上司负责，帮助上司把事情做好。

　　建立中途反馈机制非常重要，中途反馈机制也是你协助上司工作的一个必要途径。

　　其他工作也是如此。上司把一个任务交给你，不是说你只要完成就可以了，你还有义务分阶段地把完成情况汇报给上司。

　　上司不了解你，也不了解你的工作情况，他无法判断你的工作能不能完成、完成到哪一步了。只有及时反馈，才能使上司做到心中有数。

中途汇报不仅有利于上司掌控全局，更有助于上司和你建立和谐的信赖关系。如果你和上司共事足够久，你就会和上司产生一种默契。

汇报后续：已经做好的事情也需要汇报后续进程

很多人在汇报工作时，最常犯的一个错误就是，在工作过程中有了问题才向上司汇报，如果工作过程中没有问题，就不再向上司汇报了。这样做是不对的。

情境

总监把一份文件交给张秘书："这份文件我看过了。你去交给王工，让他存下档。"

张秘书答应了，然后拿着文件来到王工的办公室，正好李工也在场。张秘书把文件交给王工，说："王工，这是总监交给您的文件，让您存档。"

王工和李工正在核算工程数据，头也没抬地说："知道了，你就放在桌子上吧。"

张秘书放好文件，以为自己完成了任务，就回到工位上开始做其他工作。几天后，总监把张秘书叫到办公室，王工也在。总监说："上次我交给你的文件，你没给王工吗？"

张秘书说："我给了啊。"

总监说："那为什么王工来找我要文件啊？"

张秘书急了，说："我真的给了，那天李工也在场。王工和李工在核算东西呢，让我把文件放桌子上，我放桌子上就离开了。"

王工的脸色有点不好看了，他说："我记得没有给过我。

但是，既然张秘书说得这么确定，那可能是我搞错了吧。不过我是真没发现自己桌子上有文件。"

总监有点儿生气，说："怎么搞的？这么点儿小事也出错。这样吧，王工你回去找找，张秘书你也回去找找，可能真的放在哪儿，后来忘了。"

张秘书自然找不到那份文件，因为她已经把文件放到王工的办公桌上了。王工也没有找到，最后不得不补办了这份文件，颇费了一番周折。

情境解析

从总监的角度来说，不管文件是谁弄丢的，他都只会怪张秘书一个人，会觉得张秘书连份文件都送不好，产生这么多麻烦。

张秘书应采取的正确方法就是汇报后续。张秘书把文件交给王工后，应在第一时间向总监汇报自己完成的情况，这叫汇报后续。

汇报后续可能只是一两句话的事情，也耽误不了多少时间，但是可以让上司了解你的工作完成情况，防止事后出现争执。

建立工作簿，为工作留下痕迹

除了汇报后续，还有一个小技巧，就是建立工作簿。对于需要存档的文件或需要交付给他人的文件，你可以先建立一个工作簿，把文件的标题和你交付的时间都写下来，然后请接收文件的人给你签名。

这种方式就好像签收快递一样，对方的签名是你工作到位的有力证据。这样做虽然很麻烦，但是可以帮助你实现工作有条理性，还能够保护你免受质疑。

越是重要的文件，就越要这样做。不一定非要采取签收的形式，QQ、电子邮件和短信等沟通方式都能够达到类似的效果。

关键就是让你的工作留下痕迹。

把握轻重：坏消息要早点儿说

作为上司，他随时了解下属工作情况的作用很大，这样可以和下属一起掌控工作进度，来确保工作过程中不出意外。特别是在你的工作出现糟糕的状况时，一定要在第一时间把坏消息告知上司。

情境

笑笑的上司去外地出差两个星期，走之前把工作交代给笑笑："这次我去做的是一件很重要的工作，可能会比较忙，所以你没有重要的事情就不要打扰我。"

笑笑答应了。上司走了以后，她的工作变得很轻松。在上司走后第五天，分公司的经理来找笑笑的上司报领一批物资用于新项目的启动，但是他到库房盘点了一下，才发现物资已经被隔壁部门先挪用了。

分公司经理很着急，让笑笑联系她的上司解决这件事情。笑笑打电话给上司，上司的手机关机，笑笑猜测上司可能在参加重要的投标活动，就没有多想，况且她认为，物资不齐也耽误不了多大的事情。于是她对分公司经理说："总经理在忙，现在没有时间处理这个事情，你等我能联系上总经理后再说。"

分公司经理没办法，只得先回分公司。笑笑很快就把这件事忘了，几天后，她突然接到上司的电话，上司在电话里大声地斥责："这么重要的事情你怎么不早点儿说？你知不知道你耽误了多少事情？项目就因为你一个人耽搁了！我们将损失多少你知道吗？20万元！你能干就干，不能干就把位子让给能干的人！"

笑笑又委屈又茫然：不是上司告诉自己，没有重要的事情不要打扰他吗？还有，新项目启动被延迟不是常有的事吗？为什么这回又变严重、直接被取消了呢？

笑笑在这个事情上犯了一个重大的错误，就是没有早点儿说坏消息。很多人以为坏消息晚点儿说也没关系，或者自己能解决，但是最后，事情往往变得越来越坏。

情境解析

在以上案例中，犯错误的不只笑笑一个人：如果隔壁部门不挪用物资；如果总经理不关闭手机；如果笑笑及时跟进汇报；如果分公司经理不是没怎么努力就回分公司了……

也许是一个组织内的成员的连续失误才导致了一件坏事的发生，但是作为下属，笑笑隐瞒不报坏消息，出了问题，她的领导一定会把所有责任都推到她身上。

员工对坏消息隐瞒不报，常常是因为陷入了6个心理陷阱，如图2-4所示。

陷阱1 ▶ 这件事以前发生过，很好解决

认识世界的重要一课就是要懂得"世界是动态发展的，而不是静态的"，哲学课程中也有"人不能跨进同一条河流"的说法。

同样，工作中的麻烦也是动态发展的。以前能够顺利解决的事情，不代表这次也能够顺利解决；以前上司不在乎的小事，不代表这次他也不在乎。因此，员工永远不要想当然地代替上司做决策。

图 2-4　隐瞒不报坏消息的 6 个心理陷阱

陷阱 2 ▶ 上司说了没有重要的事情就不要麻烦他

上司确实说过没有重要的事情就不要麻烦他，但是你要先明白：判断是否重要的标准掌握在谁的手中：是你决定一件事情重要不重要，还是你的上司决定一件事情重要不重要？当你把一件你认为不重要的事情隐瞒下来时，你是否想过上司会怎么定性这件事情？

任何可能导致问题的事情都是重要的事情。任何坏消息，即使是非常不起眼的坏消息，也是重要的事情。

陷阱 3 ▶ 我知道所有的事情

很多人在自己的职位上做久了，就会因为熟悉而产生轻视心理：我对自己岗位上的事情足够了解，熟悉程度超过任何人。

当你认为自己了解一切时，危险往往就产生了。一些人因为自大，往往会忽视坏事情。要养成工作中随时确认问题的习惯，因为有时坏事情就隐藏在你习以为常的事物中。

陷阱 4 ▶ 这件事情我应该能解决

这真是一个糟糕的错觉。千里之堤毁于蚁穴，第一个发现蚂蚁的护堤工人可能也觉得自己能解决这些蚂蚁。但是，坏事情往往像冰山一样，露出水面的可能只是很小的一部分，大部分的问题躲在你看不到的地方。有时你只能解决 1% 的问题，但你认为自己能解决 100% 的问题。

更多的时候，你以为自己能解决 100% 的问题，事实上你连 1% 的问题也没来得及解决，事情就彻底失去控制了。

陷阱 5 ▶ 上司应该知道这件事情

你又不是上司，你怎么能知道上司知道什么、不知道什么？

只有你汇报的，才是上司知道的。即使你认为上司已经知道了，你也需要再确认一下。当情况发生变化时，也不要想当然地以为上司会"知道变化"。要及时汇报事情，并汇报事情的变化情况。

陷阱 6 ▶ 我不用完整地汇报

坏事情是绝对需要完整地汇报的，完整地汇报事情的前因后果很重要。

很可能坏事情是事件 A，你汇报的事情也是事件 A，但是上司以为你汇报的事情是事件 B，所以你没说几句，上司就认为自己已经知道了，于是你也以为上司已经知道事件 A 了。其实上司不知道，上司知道的是事件 B，这就出现了偏差。

完整地汇报坏事情，可以避免因为理解错误而导致的失误。

⏱ 掌握分寸：上司希望你不要擅自决策

分寸感在我们工作中的重要性不言而喻。作为下属，需要注意无论在什么时候，都不要擅自替你的上司做决定。上司作为统管整个部门的负责人，他的任何决策都是深思熟虑后做的，比较全面。而你只是站在你的那个角度来考虑的，是万万不能像上司那样想得比较周全的。如果你擅自决策，往往出于以下侥幸心理。

～～～～～～～～～～～ **情境** ～～～～～～～～～～～

陈秘书进入现在的单位工作已经 3 年了。她已经熟悉了自己的业务和工作，自认为做事还算周密。在她的顶头上司赵总出差期间，单位正在筹划元旦活动。负责人王大姐把预算报表交给她后，问："赵总什么时候回来？"

陈秘书说："这我可说不准。按预计至少半个月。"

王大姐说："那可来不及，还有 20 天就开元旦晚会了，赵总不回来批预算，我无法采购。"

陈秘书说："我和赵总说过了，但是赵总现在在忙着拿下明年的投标，实在没时间在出差期间看这个预算。"

王大姐理解地点点头，开始坐下来和陈秘书聊天，聊的内容无非是今年的工作多辛苦，员工对元旦活动有多么期待等。最后王大姐问："我给单位每个人核算的礼品标准是 800 元，赵总会批吗？"

陈秘书为难地说："我不是领导，我可不知道。"

王大姐说："嗨，这不是快过元旦了，我挺期待的！这次活动我也挺想办好的。你就帮我合计合计，你觉得我定每个人

800 元合适吗？不然我心里有点儿没底。这个预算我倒是问过副总，副总说没问题，去年好像也是 800 元。"

陈秘书点头说："去年确实是 800 元。"

王大姐说："这个事情着实紧急，要是等赵总回来再改预算就来不及了。你一直在赵总身边，比我了解他的想法。我就是求你个话儿，心里也有底了。你说呢？"

陈秘书看王大姐确实急，又对比了一下往年的惯例，终于说："如果是为了员工谋福利，数字又合理，我想赵总应该会批吧。"

王大姐点点头说："我估计也是的。"

于是王大姐放下预算表就走了。

半个月后，赵总回来了，他回来后的第一件事情就是把陈秘书叫到办公室，问她："你怎么回事？你怎么擅自替我做决定？谁告诉你说我会批的？"

陈秘书懵了，过了好一会儿才反应过来赵总说的是哪件事，原来王大姐已经按照每个人 800 元的标准去采购了。但是，不巧的是，今年公司有财政缩减计划，往年的每人 800 元标准今年已经不适用了。本来赵总打算一回来就宣布这件事情，没想到王大姐手脚这么快。

赵总生气地说："你怎么擅自做主？我什么时候告诉你我会同意的？我刚回来，你就给我出这么个难题。现在预算费用已经预支了，就等着我签字然后补回去。我早就想刹一下公司里铺张的风气，没想到我没行动，你倒先替我决定了。

我问过财务，说是你说的，说我回来一定会批。"

陈秘书百口莫辩，说："不是……我没有让她开始采购啊……"

这时王大姐敲门进来了，一进门就说："赵总，您别怪陈秘书，是我擅做主张。陈秘书说您应该会批，我以为就是您的意思，所以我就去采购了。这事您别怪陈秘书，是我做事不周全。只是元旦活动实在急，我想再不采购就来不及了，陈秘书又说往年标准都是 800 元，我才做错了事情。本来想告诉您，但是陈秘书说您在忙投标的事情，我不想打扰您。说来说去，都是我的错……"

王大姐把话说到这份上，赵总自然不会再怪她。但是，王大姐走后，赵总把火都发到了陈秘书身上。

陈秘书感到自己和赵总建立起来的工作默契，正在随着这件事情而变淡。

情境解析

在工作当中，我们经常犯的一个错误就是，以往都是这么做的，这次肯定没问题（即使以往有惯例的事情，也难保这次不出问题）。

上次上司就是这么做的，所以这次肯定也是（工作不是一成不变的，上司不可能把每个变化都告诉你，而如果你在不知道变化的情况下擅自决策，只会带来麻烦）。

既然事情这么急，还是先解决事情更重要（拖延也比做错强）。

当你擅自决策、出了问题时，最后只能由你一个人来承担。

你的上司是控制型上司还是"放养派"上司

有的上司属于控制型，他就像放风筝一样对待自己的员工，即使员工飞得再远，也总有一根线拴着。他让员工去哪儿，员工就要去哪儿，他会随时通过那根线询问和掌握员工的工作情况。这类上司喜欢把一切掌握在自己手里，喜欢事无巨细地了解一切。如果你的上司是这种类型，那么你就需要配合他，把工作的进程、结果、困难和优势都汇报给他，让他拿主意。对这类上司来说，听汇报是他最开心的时刻。

如何判断你的上司是否属于控制型？从他询问你的工作情况的频率就能做判断。

有的上司属于"放养派"，他就像牧羊人一样，不愿把所有羊都拴起来，在他允许的范围内，羊可以随意吃草。相对来说，"放养派"上司更愿意放权，也更注重员工汇报事情的结果。在"放养派"上司手下工作，你不用事无巨细地全部汇报，不用每件事情都请示，更多的时候只需要汇报结果。但是，要注意，作为一只被放养的"羊"，你还是需要偶尔跑到他面前，让他了解你的工作情况，使他放心。对于每个决策，你也要通知他。

千万不要因为他是"放养派"上司，你就认为自己可以随意做决策。

不要越权：如何与上司的上司说话

在职场上，下属越权汇报工作，是犯了向上管理中的大忌。

本来，公司是针对每个人的能力，来对人员进行职位安排的，大家各司其职，各有各的权限。如果你越级行事，势必会让人觉得你的上司能力出现了问题，对目前的职位不胜任。

另外，还会牵扯到责任问题，管理和秩序问题。不在自己管理范围内却插手管理，会导致公司的管理出现混乱的。

~~~~~~~~~~~~~~ **情境** ~~~~~~~~~~~~~~

多年前，我初入职场时，犯过这样一个错误。一天，上司出差了。我接到一个十万火急的电话，需要立刻得到领导的批示。我给上司打电话，打不通，而我又觉得这件事情很着急。如果按照我现在的做法，我可能会采取别的方法找到领导，因为现代社会信息这么发达，你要联系一个人，不一定非要通过他的电话。但是，当时我一急，冲昏了头，就找到一个更高级别的上司（他也和这个工作有一定关系），请求他做批示。

问题总算解决了，但是上司回来后大发雷霆。他说："我管不了你了是吗？你竟然向我的上司汇报！"

~~~~~~~~~~~~~~ **情境解析** ~~~~~~~~~~~~~~

后来我考虑了一下，发现越级汇报，会给上司带来如下麻烦：第一，会使上司的上司对他产生不满；第二，会让上司产生"他越级汇报，是不是不尊重我，是不是想架空我"的怀疑。

越级汇报是职场中的大忌。我当时只想着解决问题，没有考虑到这个行为的严重性。结果，这个行为使上司很长时间对我都有意见。而信任一旦失去，就很难挽回。隔阂一旦产生，就很难消除。

不要越权，是职场中的重要法则。

~~~~~~~~~~~~~~ **越级汇报是职场大忌** ~~~~~~~~~~~~~~

越级汇报，就是越权。当你越级汇报时，你把上司置于何地啊？

上司的上司会如何看待你的上司呢？你的上司又会如何看待

你呢？

这些问题，你在汇报之前考虑过吗？

越级汇报有两种原因。第一种是最常见的，即不该你去汇报、不该你出头，你主动出头了，目的无非是显示自己，向高层展示自己的能力、眼光和忠诚，期望得到赏识。

这种想法本身就是错误的。不要以为越级汇报就能得到赏识。事实上，那些企业的高层领导，尤其是 50 岁以上的企业家，他们并不愿意过多地和刚进入职场的员工沟通。在他们眼里，除非你的能力强到他无法忽视，否则，你只需要乖乖地待在自己的岗位上，发挥自己的才能就可以了。基层员工常常受所在位置的限制，眼光并不长远，在高层管理者的眼里，你的很多想法非常幼稚。

即使你真的有非常出色的方案和想法，也不应该越级汇报。

如果你有想法、方案和建议是你的上司不能做主拍板的，而且你也真的想和更高一级的上司沟通，那么最好的、也是唯一的办法，就是得到你的直属上司认可后，通过他向上推荐或递交。

记住：进取心再大，也不要越过你的上司，谨守本分是很重要的。

第二种情况就像刚入职场的我一样，不是想越级汇报，只是想解决问题，这时你该怎么办？**第一，控制事态，采取一些补救措施；第二，想尽一切办法联系到你的上司**。除此之外，没有第三条路可以走。

不得不越级汇报的时候，你该怎么汇报

有人说：我并不想越级汇报，但是刚好上司的上司找到我了，询问我参与的项目的进展情况，甚至询问了我上司的工作情况。

我该怎么办？说还是不说？

当然，不说不可能，因为上司的上司也是你的上级。对于上级，你就要服从。

不得不进行越级汇报的时候，该怎么汇报呢？

事实上，任何越级汇报的内容，都可以归为 3 类：可以汇报的内容、不确定是否可以汇报的内容和不可以汇报的内容。

这 3 类内容应当如何越级汇报呢？如图 2-5 所示。

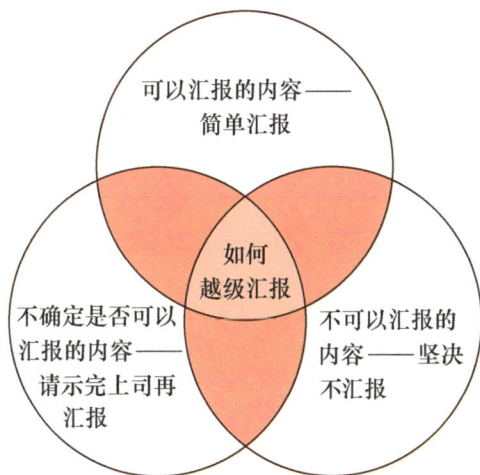

图 2-5 3 类内容的越级汇报方式

第一类 ▶ 可以汇报的内容——简单汇报

什么是可以汇报的内容？已经确定的好消息（必须是已经确定的），正常的工作进度、进展，无伤大雅的工作细节（如工作中的一些小困难）和积极的表态（如你的同事都对这项任务充满信心，上司也很鼓励你们）。

这些内容是积极又不超出领导预期的，所以你汇报给更高层级的领导也没关系。

第二类 ▸ 不确定是否可以汇报的内容——请示完上司再汇报

什么是不确定是否可以汇报的内容？

坏消息和不确定的好消息都是需要请示直接上司之后再越级汇报的。这些内容由你的上司汇报更合适。如果你越级把坏消息报告给了高层，那么高层就会怪罪你的直接上司：为什么你作为我的下属不说这个情况，还要我从你的下属那里听到这些呢？

工作中的困难、客户的刁难、你在工作中犯的错误等，这些内容最好问过自己的上司之后再汇报。

第三类 ▸ 不可以汇报的内容——坚决不汇报

什么是不可以汇报的内容？

告状、消极表态（如你对这个项目缺乏信心、同事在这个项目中所犯的错误、客户的刁难等）和上司不希望你汇报的内容，这些都是不可以汇报的。

越级汇报带给你上司的冲击是很大的，首先他会觉得你并不尊重他：为什么要越级汇报啊？有什么事情是我解决不了的吗？

而后他会忌惮你：你越级汇报，就说明你有"不臣"之心。

如果你因为越级汇报惹麻烦，你的上司也会被你连累。

你越级汇报之后，要把这次汇报的情况再汇报给自己的上司，要让上司对你汇报的内容做到心中有数。

你可以这么汇报给自己的上司："领导，以下这些事情我想是可以汇报的，所以汇报了：第一……第二……第三……还有一些事情我不确定是不是可以汇报，所以我需要先请示您。我汇报的内容就是这些。"这时不用你说，上司也会知道那些不该汇报的内容你没汇报。

这样对上司汇报后，上司会对你的行为感到满意，同时也会对你更放心。

上司理想中的汇报方式：带着方案来而不是带着问题来

作为上司，希望的是下属到他那里汇报工作的时候，要带着解决问题的方案，也就是说做事情应该是有计划、有步骤、有目的的。最好是带着多个解决方案，来让上司判断或选择。

情境

某公司组织大家拓展训练，同时也借着这个机会让大家玩一玩。副总批了一笔钱，供新上任的助理采购饮料、零食和租车等。

助理接到指示后，问副总："副总，这个钱批下来了，您看我该买些什么东西好？怎么分配比例呢？"

副总露出不可思议的表情，看了助理一会儿，才慢慢地说："你去问问其他同事，问问大家的意见和想法。"

助理立刻知道自己问错了，十分羞愧地出去了。

情境解析

这是一个职场经验缺乏者常常犯的错误：自己不动脑，凡事都指望上司；汇报的时候，永远不断地问领导问题，而不是提出解决方案。

　　刚刚进入职场的年轻人，常常会被教导"不要擅做主张，凡事多请教上司"。但是，你要搞清楚：**这个"请教"，是你有了答案之后再请教上司对你答案的意见，而不是事无巨细地让上司做决定。**

　　从以上案例中助理的角度来看，其实她的想法也很简单：她就是单纯地想请教上司，想知道这笔钱怎么花，看上司对采办有什么要求和想法。但是，对副总来说，这个事情实在太小了。作为上司，他可以给你结论性的建议，但是，他不能给你行动上的指示。如果所有的事情他都做了，那么要你干什么呢？

　　相信我，当你问上司这么低级的问题的时候，他心里想的绝不是你很懂得尊重他，而是"我怎么会有这么懒惰、无能的下属"。

　　没有方案就请教上司，是你的懒惰，也是你的无能。

　　正确的做法：**先请教同事们，看他们以前遇到这种情况是如何处理的。**对采办有个大的方向后，根据人数、时间、出行距离等因素拟定一个初步的计划。

　　准备两个以上的采购方案，并把突发情况也考虑在内，最后再带着两个以上的采购方案请示上司："您看还有什么需要完善的吗？"

　　这样，你让上司做的就是选择题而不是填空题。能够准备多个可行的方案是最理想的，而且要对每个方案的利弊得失都考虑清楚、汇报清楚。

　　但这也并不是说，你有了方案并汇报给了上司，你的工作就算完成了。

　　完整的汇报方案，包括4个步骤。

第一步 ▶ **找到问题的解决办法，并制定 1 个以上的解决方案**

汇报工作重要的是从根源上找到问题的解决办法，而不是简单地提出问题。提问题谁都会，但是解决问题不是人人都行的。

如果每件事情都需要你的上司来解决，那要你又有何用？

当你向上司汇报问题时，应该是寻求上司对你解决方案的指导和改进意见，而不是让上司为你解决问题。

第二步 ▶ **突出方案的关键部分**

要学会简述问题的背景、难点，突出方案的关键部分。

"Why—What—How"模式是一个不错的汇报方案的方法。

Why——为什么要这么做？事情的起因是什么？什么问题需要用这个方案解决？（案例中的助理可以说："关于这次出游，我拟定了两个预算方案。"）

What——方案的主要内容是什么？（案例中的助理可以这样说："预算表在这里，请您过目。其中采办预算包括饮料、食物、医药箱的预算，车马费用的预算综合了出租车和租大巴的成本等。"）

How——为什么是这个方案？这个方案的利弊是什么？（案例中的助理可以这样说："方案是根据以往的数据和此次参与拓展训练的人数综合拟定的，并且参考了同事们的意见。这次预算没有超过以往的标准，同时也考虑了同事们的要求，我个人感觉比较实惠，性价比也较高，请您裁定一下。"）

第三步 ▶ **准备回答扩展问题**

一个选择题往往伴随很多扩展问题。

扩展问题是指当你上交方案给上司时，上司可能还会问的那些问题。

以预算为例，上司可能还会问"为什么是租大巴？""行程大概要花费多长时间？""这是以多少人乘坐一辆大巴车计算的？""饮料和食物由谁来管理、分发？""考虑到水土不服怎么办了吗？同事不喜欢吃准备的这些食物怎么办？""男同事和女同事的其他特殊需求考虑到了吗？"等等。如果你提供的信息足够多，领导做出选择也会更容易些。

曾经有个学员告诉我他有选择恐惧症，每次做选择都要前思后想。如果你的上司有选择恐惧症，你该怎么办？

事实上，真正的选择恐惧症是不存在的。人们不知道选什么，往往只是因为不知道哪个更好；不知道选哪个更好，往往是因为掌握的信息不够多。

为了做出选择，上司往往需要了解你的方案的各方面的问题。

提前考虑这个方案的优点、缺点，有助于上司更快地做出选择。

第四步 ▶ 以诚恳的态度请上司决定

你可以有自己的倾向和主张，可以把你的主张汇报给上司，但是最终能否批准，选择权还是在上司手中。

问题 **3** 如何在汇报工作中架起与上司有效沟通的桥梁

有效沟通：掌握完整沟通包含的3个内容

在我们的职业生涯中，每个人都有一个直接影响他事业、健康和情绪的上司。因为工作几乎占据了我们生活的一半多的时间，如果能够同上司和睦相处，对我们的身心、前途都有极大的影响。

汇报工作，是我们与上司感情互动的重要方式。所以，我们要抓住这个机会，与上司进行有效的沟通。

情境

陈总交代助理说："你去查一下我们有多少员工被派驻到上海工作。在下星期二的会议上，董事长可能需要这个数据。我希望准备得细致一点儿。"

助理接到任务后，打电话给上海分公司的负责人："董事长需要上海分公司的人员数据。你查一下，我们这几天就要。"

分公司的负责人交代给下属的部门主任说："总部打电话来，说董事长需要我们分公司所有人员的信息数据和名单，还可能需要一些其他材料，要尽快。"

部门主任又交代给自己的下属……

　　两天后，一大箱打印好的分公司所有人员的人事档案被空运到了总部大楼。

～～～～～～～～～　　**情境解析**　　～～～～～～～～～

　　错误的沟通就会导致上述案例中的结果。很多人认为沟通是一件非常简单的事情，事实并不是这样，现在我们必须改变对待沟通的轻慢态度。

　　沟通中，"沟"是方法和途径，"通"才是真正的目的；高效的沟通技巧是职场必备的基本技能。理解沟通对我们的重要性，学会沟通的方法和技术，能让我们的工作和生活变得更加高效。

　　那么，什么是沟通呢？

　　沟通是为了一个既定的目标，把信息、情感和思想在个体和群体之间有效地传递，最终达成共同协议的过程。

　　所以，沟通需要包含以下因素：**有一个明确的目标；在过程中沟通情感、思想和信息；最终达成协议。**

　　简单来说，沟通是有目的的，目的就是达成共识。为了达成共识，我们需要有效的沟通。

　　完整的沟通过程包括3个内容：发送信息、接收信息和反馈信息，如图2-6所示。在沟通中，最重要的是传递思想，而不是信息。

　　沟通是一个双向互动的过程，单向发送信息不是沟通，是告知。双方充分地互动、交流才是沟通。

　　事实上，99%的矛盾是由误会、沟通不畅导致的。在沟通过程中，编码失误和解码失误都会使信息丢失。

　　信息是如何传播的呢？

　　发送者将信息编码，通过话语、表情、文字、手势等渠道传送，信息的接收者将其解码之后，实现信息的接收。

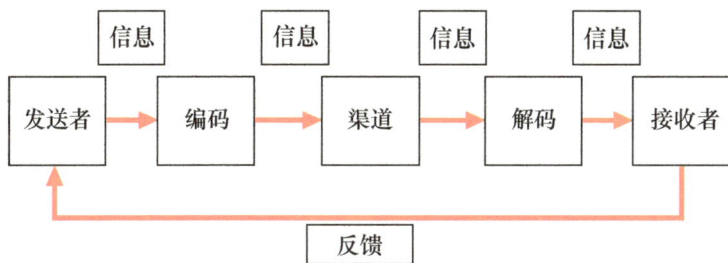

图 2-6　完整的沟通过程

　　而接收者接收信息之后，又要把自己理解的信息反馈给发送者，这才是一次完整的沟通。

　　在信息传播的任何一个拐点，信息都可能被误读。如果发送者对信息出现了编码错误、选择渠道错误，那么信息就无法有效地发送。如果接收者的理解有误，没有有效地接收信息，信息也会失真。所以，一次有效的沟通，必须经过 3 个步骤：有效发送、有效接收和建立反馈。

〜 有效沟通的第一步：发送——清晰地表达自己要表达的内容 〜

　　表达方要清晰、明确地将自己的想法告诉给对方，不要使用一些容易产生误解的词语。如果在表达时不注意这一点，那么对方就有可能错误地理解你的意思。

　　有一个故事讲的是在战场上，一位士兵向长官询问："根据现在的局势我应该撤退还是进攻呢？"

　　长官说："现在已经晚了……我们撤退。"

　　长官实际想表达的意思是"现在已经太晚了，我们已经不能撤退了，只能进攻。"

士兵却理解成了其他意思，随后便向其他士兵宣布："长官让我们立刻撤退，现在不撤退就来不及了！"

这就是一个因为沟通者没有清晰、明确地表达自己的想法而导致沟通失败的例子。

在我们表达的时候，如果对方如同沙漏一样，在听的同时不断地漏掉一些内容，那么最后的沟通效果必然不会理想。所以，我们要先让对方理解简单的部分，对于不容易理解的部分可以着重向对方解释。在沟通中，沟通者首先要能够将自己想要表达的意思清晰、明确地传递给对方，这样对方才能够正确理解你想要表达的意思。

一个人如果和一位听力障碍者进行语言沟通，那么无论这个人的口才多么优秀，表达的内容多么清晰易懂，对方都听不见，这也是毫无意义的。这时就需要用另一种方式进行沟通：文字和图片相结合是个好主意。当你表达完你想要说的内容之后，还需要了解对方是否理解了这些信息。如果你没有询问，不管对方是否明白你的意思，那么这样的沟通就是单向的沟通，同样是没有意义的。只有得到对方的反馈，才能够知道对方是否真正理解你的意思。

〜〜 有效沟通的第二步：接收——明确对方表达的内容 〜〜

接收信息是沟通的第二步，接收信息要求接收者能够理解对方的信息，能够从对方传达过来的信息中理解对方所传达信息的真实含义，分清哪些内容是重点，判断信息的轻重缓急。

〜 有效沟通的第三步：反馈——反馈是为了保证信息没有被误读 〜

只有表达和倾听的沟通是不完整的，完整的沟通必须包括"反馈"。在沟通时，对信息发送者的表达我们应该及时做出回应，让对方知道我们对他所说的内容的理解程度以及想法；如果产生了误解，应该及时解决。

单方面的灌输并不是有效的沟通。沟通首先需要有信息，然后信息经过某种方式流通。沟通是一种双方互动的行为，如果只有发送者的表达，没有接收者的反馈，就不是有效的沟通。

反馈是一个双方互动的行为，在沟通过程中，信息接收者对信息表达者所说的观点、想法或者意见做出回应，让对方了解自己的意见或者看法，这就是反馈。如果没有反馈，就没有办法确保双方达成共识。

反馈是为了保证信息在发送过程中没有被误读。单方面的表达并不是沟通，沟通必须有对方的反馈，通过对方的反馈确定对方对自己的意思理解了多少。例如，**对方对自己的表达内容是否全部理解？对方是否对自己所表达的内容有误解？如果有误解，那么误解的内容是什么？为什么会造成这种误解？**然后再通过继续沟通，纠正对方错误的理解。只有做完这些，才是有效的沟通。

有效的沟通并不复杂，你将自己的想法明确清晰地表达出来，对方理解你所说的内容，双方就此达成了共识，这就是一次有效的沟通。

高效沟通：注意积极反馈的5个关键点

下属要想和上司进行高效沟通，就必须在汇报工作时积极地反馈上司提出的问题。例如，你交给上司一个项目计划，上司有别的事情要处理，不能及时给你答复，你就要主动多次询问，而不是坐等上司来找你谈。

在沟通过程中，信息发送者并不一定要被动地等待信息接收者的反馈，发送者也可以主动询问，很多时候我们进行的沟通仅仅是信息发送者的不断灌输，而不是主动寻找对方的反馈，或者根本没有注意对方的反馈。

情境

假如你是一家公司的策划主管，现在你需要一个工程方案，于是你把任务交给下属，告诉他这个方案非常紧急，要求他周五之前完成。

但是，过了两个小时，你经过他的座位时发现他在做一件在你看来无关紧要的事，于是你有点儿不高兴了，随即问他："你为什么没有做我今天交给你的工作？"

下属说："我知道这个方案比较紧急，但是你说周五之前交给你，我想了下，觉得周五之前可以完成，所以我就先做别的了。"

你哭笑不得地说："我说的周五是这个方案的最后期限。我说紧急，当然希望越早越好。你现在就做这个！"

结果，你不高兴，下属也不高兴。问题出在哪里呢？

你虽然向员工表明这个方案很急，但是员工并不明白很急的标准，你说周五之前，员工就把它当成了时间标准。

这个沟通的失败之处在于，你没有询问对方的反馈。如果你能够在交代工作之后，询问下属："你准备什么时候开始做这个工作？你准备怎么做？"那么误会就可以避免。在沟通中，不是所有事情都需要这样详细反馈，但是在你看重的工作上，你最好要求对方给予反馈。只有反馈才能衡量对方理解的程度，最大限度地避免误会。

　　在和上司沟通中更是如此，汇报时，不仅要反馈给上司你的理解，还要主动询问上司的理解和反馈。

情境解析

　　从上例中，我们不难发现要想让沟通变得高效，就要让表达和反馈进行良性的循环。

　　如何做到积极反馈呢？要注意以下 5 个关键点，见表 2-7。

表 2-7　积极反馈的 5 个关键点

关键点	内容
明确反馈	反馈给对方的内容需要准确和具体，避免容易产生歧义的反馈。如果不能立刻做出决定反馈给对方，也要让对方知道这一点，知道你需要时间才能反馈。认真地思考自己所听到的内容后告诉对方自己的理解或想法：是否支持对方的观点，是否清晰地知道对方所表达的意思
客观反馈	将自己的意见和看法积极地反馈给对方，注意尽量不要使用"评论性词语"，多使用"描述性词语"，你的反馈意见应该只针对对方所说的内容，而不是针对叙述的当事人
换位思考	能够从对方的角度考虑问题，从而理解对方的想法和感受，同时也需要让对方知道你的想法和感受
基于事实	如果你对对方所说的事情有不同想法，那么需要将原因明确地告诉对方，用事实让对方明白你产生不同想法的原因
重点反馈	对于讲话内容中的重要部分重点反馈

　　很多上司有这样的疑问："我在和下属沟通时，清晰、明确地表达了自己的意思，对于重点部分还着重让对方重复确认，对方也表示理解了我的意思，但到执行的时候为什么不能顺利进行？"

　　这里的问题就在于：**对方是否在他理解的基础上，给你做出了反馈？对方是否反馈给你，他将采取哪种方法执行？**

建立有效的反馈机制

　　回应和反馈也是倾听他人的一部分，及时地对对方的意见、观点做出反应，能够让对方意识到你对他所说的内容很感兴趣，同时也可以避免因为理解错误或者表达模糊而产生失误。

　　你在倾听他人的表达时，可以主动给对方反馈；当对方正在倾听你时，你可以主动地向对方寻求反馈。

　　有些人并没有意识到反馈在沟通中的重要性，结果因为理解错误或者忽略部分内容，导致自己所表达的内容对方只能接收其中一部分；还有一部分人，不注意对方的想法，只是单方面地不断讲述，最后的结果就是虽然自己耗费了不少时间，但没有产生任何效果。

反馈理解

　　将自己对对方所说内容的理解反馈给对方，总结对方表达的中心内容，并请对方确认自己的理解是否正确。如果你是叙述者，就应该主动询问倾听者，看他是否正确理解了你所表达的内容。但需要记住询问时不要说"你现在理解了吗"这样的话。

　　面对这种询问，对方只能回答理解或者没有理解，这样很容易造成一种情况，即对方其实并没有理解你表达的意思，但他错误地认为自己理解了，所以回答"理解了"。用这种询问方式你也无法知道对方对谈话内容理解、消化了多少、自己想重点表达的内容对方是否明白，而且这种询问很容易让对方产生反感情绪。

要想了解对方是否理解自己表达的内容，可以让对方将自己所说的重点内容重复一遍。当然，询问时要注意自己的措辞，不恰当的措辞同样会让对方反感。

反馈态度

要注意把自己对谈话内容的看法或者意见传达给对方，如果自己的观点、意见和对方有分歧，可以讲出自己的理由，寻找解决的方法。

作为讲述者，你可以询问对方："对于这件事情你怎么看？我的观点你同意吗？这件事情的处理方法你认为正确吗？"

反馈计划

当两个人之间沟通的理解程度和态度都能够很好地进行反馈时，这次沟通就成功了一大半。

良好沟通：需要5个支点来支撑

与上司沟通时，要掌握良好的沟通时机，善于抓住沟通契机，除了在工作方面进行沟通外，在其他方面的沟通也会带来意想不到的效果。但一定要记住，跟上司沟通时要以关心上司为出发点。

情境

一次，我在茶水间倒茶，A和B两个下属同时进来了。A看到我在倒茶，就主动说："您在倒茶呢？您小心点儿，那个开关有点儿活动了，水别溅着您。"而 B 只是在旁边说："您好。"
我当时觉得这个事情很有意思，当然 B 这样的员工会非常踏实，
但是我心里对 A 更有好感。有的人会说：这不就是讨好上司吗？
但这不只是讨好上司，这还是一种高情商的展现，让对方感到舒
服。要是我在倒水，A 进来就说："您在倒水呢，您这个茶叶闻
着好香，真是好茶啊。"我也会给予回应，但是不会对他产生好
感。区别就在于前面的话蕴含了真正的关心。

情境解析

A 的行为就是关心行为，这种关心有助于建立情感，说明
这个人很会做事，他的"会做事"很容易与上司建立良好的关
系，而良好的关系是沟通的基础之一。后来我发现，我派这两
个下属做协调工作时，A 永远做得比 B 好。因为他懂得沟通的
基础是什么、沟通的支点是什么。

支撑沟通的 5 个支点如图 2-7 所示。

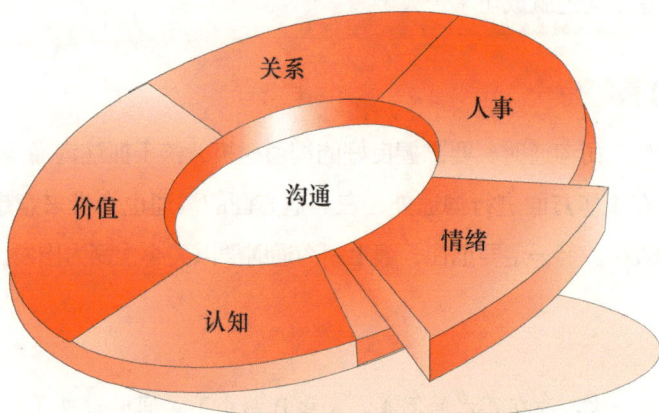

图 2-7 支撑沟通的 5 个支点

支点1 ▶ 关系——有了关系，别人才愿意听你讲话

关系是沟通中的第一个支点，良好的关系能够有效地支撑沟通。如果双方关系很好，那么对方说什么你都可能同意；如果双方关系不好，那么对方说什么你都可能下意识地抵触。

关系断了，冲突就产生了。维持良好的关系是沟通的第一个支点。

怎么维持关系呢？**"来往"建立关系，"关心"建立情感。**

任何人之间的关系都是从"来往"开始的，多交流、多沟通，见面多打招呼、多说话，时间长了关系就建立起来了。

根据我的观察，从新进实习生的表现中就能很容易地看出各自父母的身份——如果一个实习生非常懂事，见人就打招呼，工作间隙也常常主动和其他同事说话，有分寸、不烦人，热情得恰到好处，那么他的父母多半是生意人或者公务员。这种善于建立关系的行为是出于潜移默化的习惯。如果父母是普通工人或知识分子，那他在和同事或上司建立关系时可能就会慢一些。慢一些也没关系，但是必须主动，要愿意建立良好的关系。

更进一步的关系则是靠情感维系的。如何建立情感呢？秘诀只有一个，就是**多关心别人。**

人的本性是趋利避害和关注自己的。因此，你要和别人建立良好的情感和关系，就需要跳出自己的圈子，把眼睛放到别人身上，把心思分给别人，关心别人。

建立良好的关系还要注意一点：**不要过多地要求别人。**严格要求自己就可以了，但是不要用同样的标准要求别人。

在请求别人做事情的时候要有端正的态度，对别人的帮助要

心存感激，对上司更要如此。

支点 2 ▶ 人事——把人和事分开，才能针对事件本身来沟通

沟通的第二个支点是要学会把人和事分开，就事论事，不以事件中的人为转移。

第一，可以有自己的想法，但是不要过分主观化。

可以阐述自己的想法，但是注意不要把自己的观点作为结论，开头要说"我的观点是这样的"，而不是"这件事应该是这样的"，要使用"我的意见是"的句式而不是"这件事必须这么做"的句式。

你可以坚持自己的观点，但是应该使用"我个人觉得这种方法更有效"的句式，而不是"只有这样才是对的"的句式。

第二，直截了当地拒绝并说明原因。

讲话要留有余地，但是，如果面对的是你做不到的事情，就要明确地表达，不要碍于彼此的关系拖拖拉拉地拒绝，否则对方会觉得还有机会。

拒绝他人的时候，不要考虑他是什么人，而要根据自己的判断来拒绝，并且说明拒绝的原因，如"对不起，这件事情我没有办法做到，因为……"

支点 3 ▶ 情绪——梳理情绪，沟通才能顺畅进行

不要让情绪支配你，而是你要支配情绪，继而影响他人的情绪。

在沟通时，首先要克制自己的情绪。有句话叫"情绪是智慧的天敌"，要让控制情绪成为自己的习惯。

在沟通时，除了把控自己的情绪外，你还要注意观察和安抚

他人的情绪，要保证沟通对象有良好的情绪和你沟通。

情绪会影响人们的判断，而能够注意安抚他人的情绪的人往往是沟通的高手。

要学会注意和体谅他人的情绪。沟通中的一个重要法则：**先解决情绪，再解决问题。**不要和情绪不好的人讲道理。如果你无视他人的情绪，那么沟通的效果一定不会好。

支点 4 ▶ 认知——建立认知，从强化表达开始

沟通的一大支点就是认知支点，即使你认为自己已经表达得很清楚了，也无法让所有人都理解你说的话。

建立认知，是沟通中非常重要的一件事情。一些复杂的问题有时很难让对方明白，但是在必须让对方明白的时候，你该怎么办？强化你的表达。强化表达可以采取"打比方""讲故事"等方式。无论是打比方还是讲故事，都是为了让对方加深体会、产生体验。

当我夸奖一个人时，我不会单纯地只说他的优点，而要建立完整的认识。例如，夸奖一个人"你做事真是细致周到"，对方可能感受不深，但是，当你强化表达时，你就可以说："你做事真是细致周到，给我发文件都会发两份，一份 Word 文档便于阅读和修改，一份 PDF 文档便于打印，让我觉得很方便。其他人给我发文件都只发一份。"

在这个夸奖中，有一个事实（"给我发文件都会发两份，一份 Word 文档便于阅读和修改，一份 PDF 文档便于打印"），一个感受（"让我觉得很方便"），一个对比（"其他人给我发文件时都只发一份"），三者同时作用，会比单纯地讲述结论更有效。这就是强化表达。

尽量多使用具体事例，当对方无法理解时，你讲一个事例，对方就会恍然大悟。

支点 5 ▶ 价值——有了价值，沟通才能达成共识

最有效率的沟通永远只有一个要点，那就是价值。围绕价值进行的沟通才是无往不利的沟通。

价值也就是好处。

你在与任何人沟通的时候，都要从他的角度看价值、看好处，你说的每句话，都应该考虑这句话对他的价值是什么。

我在工作中常常接触很多老板，他们的思维模式都是直线形的，他们最看重的就是价值。

当你与比你高层级的人沟通时，如果想要别人支持你，说什么能够打动他？不是你的技术多么成熟、背景多么雄厚、团队多么厉害，对方最想知道的绝对不是这些，你唯一能够打动他的，同时也是他唯一关心的，就是你能够给他带来什么好处。

当你向上汇报工作的时候，当你需要上司、同事的支持的时候，当你开发客户的时候，你都要考虑：这对他们有什么价值？

因为他们会想：我和你合作，对我有什么好处？我买你的产品，对我有什么价值？

如果你能够在最短的时间内，总结出你对沟通对象的好处和价值，你们就很容易达成共识。

提高沟通效率：汇报工作要把握的3个原则

和上司沟通时，选择好的沟通时机很关键。例如，不要在上

司接待客人的时候，这时候他没有时间跟你沟通；也不要在上司早上刚上班时，这时上司手头有很多事情要处理，无暇顾及你的事情；上司心情不好的时候也不要沟通……

情境

《三国演义》中有这样一段文字。

曹操正笑谈间，忽闻鸦声望南飞鸣而去。操问曰："此鸦缘何夜鸣？"左右答曰："鸦见月明，疑是天晓，故离树而鸣也。"操又大笑。

时操已醉，乃取槊立于船头上，以酒奠于江中，满饮三爵，横槊谓诸将曰："我持此槊，破黄巾、擒吕布、灭袁术、收袁绍，深入塞北，直抵辽东，纵横天下，颇不负大丈夫之志也。今对此景，甚有慷慨。吾当作歌，汝等和之。"

歌曰："对酒当歌，人生几何；譬如朝露，去日苦多。慨当以慷，忧思难忘；何以解忧，唯有杜康。青青子衿，悠悠我心；但为君故，沉吟至今。呦呦鹿鸣，食野之苹；我有嘉宾，鼓瑟吹笙。明明如月，何时可掇？忧从中来，不可断绝！越陌度阡，枉用相存；契阔谈讌，心念旧恩。月明星稀，乌鹊南飞；绕树三匝，何枝可依。山不厌高，海不厌深；周公吐哺，天下归心。"

歌罢，众和之，共皆欢笑。

忽座间一人进曰："大军相当之际，将士用命之时，丞相何故出此不吉之言？"

操视之，乃扬州刺史，沛国相人，姓刘，名馥，字元颖。馥起自合肥，创立州治，聚逃散之民，立学校，广屯田，兴治教，久事曹操，多立功绩。当下操横槊问曰："吾言有何不吉？"

馥曰："月明星稀，乌鹊南飞；绕树三匝，无枝可依。此不吉之言也。"

操大怒曰："汝安敢败吾兴！"手起一槊，刺死刘馥。众皆惊骇。遂罢宴。次日，操酒醒，懊恨不已。

情境解析

这是《三国演义》中非常有趣的一段内容。刺史刘馥在曹操大宴长江、犒赏三军之时谏言，激怒曹操，因此被曹操刺死。

为什么刺史刘馥仅仅因为谏言就被曹操刺死了呢？

事实上，刺史说得并没有错。他对曹操说，这是"大军相当之际，将士用命之时"，千钧一发之际，稳定军心很重要，丞相不应该说不吉利的话——这个论点是对的。

既然他说的是对的，为什么还会被曹操刺死？因为汇报的时机不对。

刺史是什么时候汇报的？当时曹操刚刚吟唱了一首诗歌，这首诗歌非常美妙，曹操歌罢，大家的反应是"众和之，共皆欢笑"。这时，场间的气氛非常好。就在场间气氛这么欢乐的时候，刺史跳出来，指责曹操之言不吉利、动摇军心，这时曹操怎么会不怒？但如果只是这样，刺史也不会死。就好比平时，大家很开心的时候，你出来当众汇报一个坏消息，虽然上司会生你的气，但是可能不会把你怎么样，因为这时上司是理智、清醒的。刺史错就错在选的这个时机不对——是在曹操喝醉的时候。原文中明确指出，"时操已醉"，一会儿唱歌一会儿笑。这时刺史跑出来，汇报了一个激怒他的内容。

整理一下：刺史刘馥，在曹操喝得烂醉、大家心情非常舒畅的情况下，当着曹操的所有下属指责他，汇报了一个非常晦气的内容。

如果要汇报，可以在私下汇报，在上司清醒的时候进言，他一定会采纳你的建议。如果你在错误的场合、错误的时间、错误的人面前，汇报了一个正确的内容，那么这个内容再正确也会被认为是错误的。这就是选择汇报时机的重要性。

《论语·季氏》中有云："言未及之而言谓之躁，言及之而不言谓之隐，不见颜色而言谓之瞽。"就是说，如果你在不该说话的时候说话，这就是急躁；而你在该说话的时候不说话，这就是隐瞒；不看别人的脸色，想说什么说什么，这就是瞎说。

沟通是一个双向动态的过程，沟通的时机在整个沟通过程中有非常重要的作用。

在该说的时候没说，就会耽误事情；在不该说的时候说了，只会被迁怒；不顾时机，只顾自己侃侃而谈，不看是不是合适的时机，也不看对方的脸色，这样只会导致对方的反感。

汇报沟通有以下几个原则。

原则 1 ▶ 汇报要选择在上司心情好的时候

上司什么时候心情好，这就需要你观察了。你可以观察上司的脸色，或询问刚和上司接触过的同事"领导现在的心情怎么样"。

如果发现上司的心情不好，就尽量避免马上汇报工作。如果上司刚批评完下属，或者刚挂上一个让他生气的电话，你就进去汇报，那你的汇报只会火上浇油。

不过，有两种汇报可以无视这条原则：第一，你汇报的是能够让上司听了以后心情马上好转的消息，最好还是能够消除上司烦恼的消息；第二，如果是非常紧急、不能拖的事情，即使上司的心情不好，你也要汇报。无论如何不能耽误工作，这是原则。

　　只是你汇报之前要考虑：上司的火气可能会比平时更大，要先想好对策再汇报。

原则 2 ▶ 申请决策要选择在上司不忙的时间

　　当你向上司汇报一个工作、申请他的决策时，要尽量选择上司不是很忙的时间。工作日 10:30 ~ 11:30 是非常合适的时间。上司来到公司，一般 9:00 开始工作，处理的事情特别多。到了 10:30，领导把事情处理得差不多了，心情就会比较放松，这时候向上司汇报是很合适的。

　　下午最好赶在 14:00 前进行汇报，千万不要拖到 17:00 再去汇报，那时上司忙了一天，要准备下班了，精神最为涣散，此时你向他汇报事情打扰他，他虽然不会说什么，但是也不会开心。

　　我在和别人打电话之前，常常会看下时间表，想想对方的工作习惯，推测他现在忙不忙。如果确定他不忙，我才会打电话；如果不确定，我会提前打个招呼：大概什么时候我要给他打电话，看看他是否方便。

　　在沟通中，气氛也起着非常重要的作用。在和谐的气氛中，对方会更容易接受你，尴尬的气氛不适合沟通。

　　卸下心防时，对方也更愿意接受你说的内容。

原则 3 ▶ 不同的沟通内容有不同的沟通最佳时机

　　要把握沟通的时机，机不可失，失不再来。无论是履行承诺、道歉还是祝福，都有一个最佳时机——要把握最佳时机进行沟通。如果错过了时机，你说什么都毫无意义。

　　道歉的最佳时机是事发当天，因为道歉晚了就毫无意义了，当场、当天的道歉才是最有意义的。例如，你和上司发生了冲突，你坚持自己的意见，上司坚持他的意见，因而双方吵了起来。回到座位后你发现是你错了，这时你应该马上起身去道歉。

　　因为迟来的道歉毫无意义。即使对方表面接受，也不会真的从心底接受。对方心里只会有一个想法：你之前干什么去了？

　　履行承诺要早于承诺的最后期限。当你向别人承诺一件事情时，一定要在承诺的截止时间之前履行，绝不能比自己承诺的截止时间更晚。每次晚于承诺时间的履行都会减少对方对你的信任。

　　做到这一点，需要你谨慎地做出承诺。例如，上司交给你一项工作，问你什么时候可以完成。如果你预计可以周三给他，那你就最好向他承诺周五完成，然后周三完成交给他。

　　履行承诺要早于自己承诺的截止时间，这样你才能建立诚实、靠谱、守信用的个人形象。

工作总结：高效写工作总结的3个关键词

　　写好一篇工作总结，是下属手中有利的竞争筹码，甚至是升职加薪的"助推器"。

情境

　　又到了一年一度交总结的时候了，相信很多人这时在发愁：年度总结应该怎么写？

　　小微在电脑前思索了一整天，写出了一份年度总结，但是交上去之后就被上司退回来了。上司说："你写的是什么东西？从哪儿体现出来是总结了？重写！"

　　小微犯了难：为什么自己写的总结得不到上司的认可呢？

情境解析

　　在工作过程中，不论你处于什么样的职位，都需要学会写工作总结。

　　工作总结要展示成绩，同时阐明问题，并从以往的工作中得出经验教训，为未来的工作找出可以遵循的规律。工作总结是你开展工作的重要环节，通过工作总结，可以全面、系统地分析你过去一段时间的工作情况。

　　工作总结包括月度总结、季度总结、年度总结等。总结是用书面的形式向公司汇报你过去的工作情况，它能详细体现你的工作水平、工作业绩、思想动态、对工作的理解、过去的成绩等。工作总结可以使你正确认识以往工作中的得失、经验和成败，可以明确下一步工作的方向，使你在未来的工作中少犯错误，提升团队整体的工作水平。

态度真诚：秉持实事求是的态度

　　工作总结是对过去工作的回顾和评价，因此它的第一个要求是实事求是，要在尊重事实的基础上总结和分析你的工作，把取得的成绩和犯过的错误都写在总结中，不夸大自己的工作成绩，不掩饰自己的工作缺点，更不能弄虚作假，要全面、客观地展现你的工作结果。

条理清晰

　　一篇完整的工作总结应该由标题、开头、主体、结尾、落款5个部分组成。

开头是在开篇总结工作情况，做出总体评价，一般来说不要超过 200 字，要起到提纲挈领、给整篇总结定性的作用。

主体部分包含两个主要内容：总结工作成绩和经验；总结工作中的失误和教训。其中总结工作成绩是重中之重，是总结的核心内容。

结尾用简短的语言分析问题，明确方向，表明决心和计划。结尾也可以是对未来工作的计划和改进措施。

最后，落款写明所在部门、职位、姓名、日期。

把工作总结写清楚，需要基本的方法论。工作总结的主体应该包括以下内容。

关键词 1 ▶ KPI——以业绩指标的方式回顾业绩

KPI 即关键绩效指标。每个员工在自己的岗位上都会有自己的关键绩效指标，这个绩效指标是考核你目标值的准绳，达不到 KPI 就没有奖金，甚至可能失去工作。

KPI 作为考核工作的关键指标，其完成情况一定要在你的工作总结中重点体现出来。你可以做一份一年的 KPI 数据图，以月为单位，采取图表的方式直观地显示你每个月的业绩指标。

最好能够用折线图或柱状图的形式分析：你的业绩高峰和低谷在哪里？为什么会在某个月有高峰？是得益于你个人的努力还是因为行业进入了发展旺季？为什么你的业绩在某个月有低谷？如何避免出现这种情况？

有的人也知道要写 KPI 业绩指标，但是总写不好，于是就写成了自己的岗位职责。须知你要写的是成绩，即做出了什么，而不是应该做什么。

关键词 2 ▶ **综合绩效——衡量你业绩以外的其他贡献**

一般来说，衡量综合绩效采用的是 BSC 平衡计分卡，这也是企业中最常见的绩效考核的方式。如果你所在的公司没有推行这套方法，那么你可以用简洁的语言做这一部分的总结。

综合绩效衡量的是你业绩以外的其他贡献，主要有 4 个方面的贡献：**第一，今年我为公司做出了什么贡献（业绩以外的东西）？第二，今年我为客户做了些什么？第三，今年我自己提升了多少？我学习了什么？参加了什么培训？我教给其他员工什么知识（我是否培训了其他员工）？第四，我在为改进公司的管理和流程上做了什么？**

一个优秀的员工通常在以上 4 点的每个点都能说出几个具体的贡献。一定不要在总结里面说空话，如“我努力……”“我争取……”等毫无意义，上司也不爱看。如果你做了实际的贡献，就写出来；如果没有做，就不要写。

关键词 3 ▶ **"PDCA"——做出明确的未来计划**

工作总结中，除了回顾，还要做出未来的计划。计划怎么做、怎么写？

"PDCA" 可以帮助你用明确的方式做出规划。

P（目标）——我的工作目标是什么？我打算做成什么样？

D（执行）——我准备如何执行？

C（检查）——我如何保证自己能够正确执行？如何保证自己的执行力度？

A（改善）——如果目标和执行之间出现偏差，我将如何回到正确轨道？

"PDCA" 可以简洁、有效地衡量你的计划。

表 2-8 是按照以上 3 个关键词做出的年度工作总结的结构和内容。

表 2-8　总结的结构和内容

标题	《×××（姓名）2015 年年度工作总结》		
开头	提纲挈领		
主题	业绩回顾总结	KPI 个人绩效回顾	我今年的业绩如何
			每个月的业绩如何
			哪个月的业绩好？为什么
			哪个月的业绩不好？为什么
主体	业绩回顾总结	KPI 个人绩效回顾	我将如何改进我的业绩
		综合绩效回顾（公司、客户、学习、流程）	我为企业做了什么
			我为客户做了什么
			我学习了什么？提升了多少
			我为改善管理、流程做过什么？我为同事做了什么
	工作中的失误和经验教训	我在工作中犯过什么错误？得到了什么教训？我是如何应对的	
	未来的工作计划	P 目标——我的工作目标是什么？我打算做到什么程度？ D 执行——我准备如何执行？ C 检查——我如何保证自己能够正确执行？如何保证自己的执行力度？ A 改善——如果目标和执行之间出现偏差，我将如何回到正确轨道	
结尾	用简短的语言分析问题，明确方向，表明决心和计划。同时可以是对未来工作的计划和改进措施		
落款	所在部门、职位、姓名、日期		

有效运用数据

在工作总结中，业务指标很重要，你在总结自己的工作成绩时，数据比任何文字更有说服力。以销售人员为例，销售额、发货金额、回款额都是体现你工作业绩的重要指标。罗列这些数据比你说"我取得了什么样的成绩"更简洁、有力。须知：数据才是工作总结中的重头戏。

总结要保证内容客观，同时要在内容客观的基础上加入自己的见解。

内容客观：在客观内容的基础上加入你的见解

体现过去：得失、经验、教训和成败

取得的成绩和获得的教训是总结的核心内容。

体现未来：抱负、打算和改进

在总结上一阶段的工作后，可以对未来阶段的工作做出计划和安排。计划要具体，同时要和过去的任务形成对比、有衔接。

要体现抱负：未来的工作计划和目标。

要体现打算：根据今后的工作任务和目标，汲取以前工作的经验，对未来的工作方向做出打算。

要体现改进：总结现有工作之后，找出可以改进的地方。

简单罗列未来的抱负、打算和改进就可以了。不要写太多，满篇都是抱负就不是总结了。

工作总结不仅是为了总结你的工作，还应该能帮助你进步

工作总结的要点在于对上一阶段的工作进行总结、分析、研

究和整理。这个总结既要有客观的数据、事实和对比，同时也要有主观的内容：你获得的经验是什么，教训是什么，未来打算如何改进，等等。

有的人应付差事般地完成工作总结，这样就丧失了写工作总结的真正目的。大多数人是为上司写总结，很少有人为自己写总结。

当你的总结是为了自己而写时，你才会发现总结其实有着别的作用。

工作总结本身可以帮助你提高工作水平：工作总结的过程也是你对以往工作的再梳理过程。你可以通过总结对自己以往的工作进行回顾，通过数据分析找到工作规律，预测前景。

当工作总结能够帮助你进步时，它才算真正发挥了效用。

汇报工作中沟通的作用：促进了解上司的契机

沟通是你了解上司、获得上司的帮助和支持的机会。沟通不一定要严肃地在办公室进行，很多时候，情感上的沟通更适合在用餐、出差等休闲场合进行。

如何通过沟通处理工作中的尴尬时刻？工作中常常会有一些你和上司意见对立、争执不下的时刻，当你和上司意见不合的时候怎么办？

强硬的态度往往会使事情变得更糟糕。如果你发现自己做错了，如何处理因为争执产生的尴尬呢？

第一步，态度诚恳，快速认错。

第二步，戴罪立功，让行动来弥补错误。

第三步，反思自己的行为。做错事情不可怕，但是做错事情还态度强硬就大错特错了。要反思自己的行为，坚决避免这种情况重复出现。

如果是上司错了，则要以退为进地进行沟通。

首先退一步，承认上司的决定有其合理之处。之后，适时地阐述你想法的依据和好处，通过书面的方式进行沟通是最好的，因为上司未必有心情听你的陈述。最后，给上司时间，让他想清楚并纠正错误。

沟通工作不到位，往往不是一个原因导致的。你可以通过表 2-9 评价沟通工作。

表 2-9　评价沟通工作

项　目	细　则
认识	懂得沟通的基本要素，而不要任意用自己的理解曲解沟通
	了解不良情绪对沟通的危害，并有意识地控制这种情绪
态度	重视沟通的重要性
	愿意积极主动地沟通，而不是被动地接受
	把任何沟通对象都放在和自己同等的位置上
	自己的态度必须是客观、真诚的
	对沟通对象采取信任的态度，愿意相信对方是客观、真诚的
	承认他人的意见、想法和自己的一样重要，而不是只强调自己的想法和意见
	对他人的意见和想法充满兴趣，而不是漠不关心
行动	主动了解他人的想法和意见，并了解产生这种想法和态度的根源
	重视他人在沟通中表现出的情绪，并愿意照料和安抚他人的情绪
	能够站在对方的立场上思考，而不是只想让别人认同自己
	沟通必需内容（需要做什么），也要沟通非必需内容（如为什么去做）
	能够有效地发送信息，并在发送后确认反馈
	能够有效地接收信息，并在接收后确认反馈

你是否了解上司对你的期望？

你是否了解上司的工作能力？是否知道他的长处和短板分别是什么？

你是否了解上司目前在工作中的难题是什么，是否询问为了协助他解决这个难题，自己可以做什么？

你是否了解上司对你的评价？

上司对你的沟通工作是否持肯定的态度？

在你向上汇报工作、传递信息的过程中，是否很少出现上司误解你意思的时候？

你对你上司的工作是否有足够的了解和信心？

对于以上问题，如果你的答案都是充分肯定的，那么说明你在和上司沟通的过程中做得足够到位；而那些答案是否定的问题则指明了今后你应该努力的方向。

问题 4　如何通过汇报工作实现真正的"向上管理"

第一步，改变观点：管理不只是"自上而下"

向上管理，英文叫"Managing Up"，直译为向上进行管理。向上管理是一个过程：为了同时给公司、上司和自己带来最好的结果，并有意识地配合和改变工作方法，从而实现向上管理的过程。

"向上管理"是著名管理学家杰克·韦尔奇的助手罗塞娜·博得斯基提出来的。

管理需要资源，工作也需要资源才能展开，但是资源始终掌握在上司手中。你要想获得工作上的资源（如权力、时间、宽松的环境等）支持，就需要对上司进行管理。从这个角度来看，管理也可以"自下而上，在这个管理体系里面，需要下属转变思维方式。不能对上司的工作安排进行机械的服从，而是在接到工作任务后，不能立刻动手做，要弄明白这项任务背后的问题和需求。

例如，上司让你每天找 50 个客户的联系方式，一般员工就会按上司要求随便找 50 个客户的联系方式。优秀的员工会问问上司，这 50 个客户是准客户，还是具有潜在需求的客户等。

如果此时你懂得向上管理，就不会把上司的要求只看成命令，而是当成帮你发现问题的信息反馈，这时你会思考：上司给我的这项任务是否合理？我怎么做才能和他真正的需求达成一致呢？背后的问题和需求是什么？你要做的就是解决这个反馈背后的问题和需求。

情境

十几年前，我在做手机业务的时候，当时我们的手机行业刚刚起步，技术还是非常落后的。我所在的公司在东莞有一个OEM加工厂，为我们公司供货的供货商的产品品质很差。一次，我的上司要求我在一个季度内必须交付几万台某款手机。

我向上司汇报说："如果我要交出这么多台手机，那么保证得了数量，就保证不了质量。"

但是上司说："这个我不管，我要的是结果。"

对上司来讲，他要的是结果，不管质量。但是从我的角度来说，即使这个数量的任务完成了，但是如果手机出了问题，还是我来负责。

后来，我对他说："我需要您半个小时的时间，想向您汇报一件事情。我已经把车开到您楼下了。"

他说："在办公室汇报不行吗？"

我说："这件事情不行。"

我把他带到车间，让他看看车间里的合格手机和不合格手机的制作流程和区别，把详细的数据汇报给他。结果他改变了主意，同意减少任务量。因此，用什么形式汇报工作非常重要。

情境解析

很多人从小接受的教育就是：管理是从上而下进行的。在家里，我们服从父母的管理，履行父母的指令，听父母的话，什么时候玩、什么时候睡觉、什么时候上学都由父母安排；在学校，我们服从老师的管理，执行老师的指令，按照老师的安排学习、做作业、考试；毕业进入职场后，我们又服从上司的管理，按照上司的指令做事，上司安排什么工作就做什么工作，工作做完了交给上司，任务就算完成了。

我们一直服从他人的管理，没有任何主动性。

但是你或许没有注意到家庭、学校和职场的区别。在家里，你是孩子，一切由父母做主；在学校，你是学生，一切由老师安排。但是，到了社会、进入职场，你就是成年人，上司不仅是你的管理者，同时也是你的同事、你的工作伙伴，你们既是领导和被领导的关系，又是共同协作前进的关系——仅仅是被动地接受管理，并不能把你们的合作效用发挥到最大。

管理，可以是一个双向的、动态的过程，可以是互相的、不断调整的过程。作为下属，你不应该只接受上司的管理，还应该积极主动地发挥自己的能力，对你的上司施加影响，成为上司的工作伙伴，进行向上管理，实现双赢。

总之，你可以通过一些实际的做法改善、影响自己和上司的关系。

上司亦凡人

上司也是凡人，上司和你一样，有长处、也有缺陷；他会有压力、责任、情绪，也有来自家庭和社会的压力，也有他的上司对他施加的压力。

上司也会忙中出错，有懒惰、懈怠、照顾不周的时候；也有因为压力而退缩的时候；他并不总是明智的，也不是对什么都驾轻就熟，也会在工作中犯错误。虽然身为上司，他的眼光常常会比你更长远，但是相信我，那是他的经验和职位造成的，而不是他天生的做事能力、思考能力强于你。

我常常接触一些主管，倾听他们的工作烦恼，他们常常说的是："我以前总是觉得自己的上司做得这不好、那不对。但是，当我做了领导才发现，原来我有的地方做得还不如他呢。不是我故意不做，而是精力真的有限。我做了领导之后，才会反思自己以前看待上司的态度。"

还有一些人说："我上大学之前，把老师看成很神圣、很神奇的人，但是等我上了大学，才渐渐发现老师也是普通人啊。我刚参加工作时，对领导总有仰视、畏惧和疏离心理，但是我工作好多年之后才发现领导也是凡人啊！"后来他们往往会重复说这句话："领导也是凡人啊！"

向上管理之前，首先你要改变仰视上司的态度。

从理解你的上司开始，把眼光从仰视改成平视。不要轻易地对你的上司下完定论就不再关心他，你需要支持他、理解他。在必要的时候，也许你的上司还需要你的原谅——记住，他只是普通人。

你是否希望你的上司理解你、尊重你，把你视作有能力、有价值的工作伙伴？那你首先也要这么对待他。

你也可以管理自己的上司

在传统观念中，上司是权威的代表，上司的指令必须听从，但并不是所有的上司都适合领导职位。上司能够决定你在职场中的未来，如果他是一个没有能力、不能做出正确决定的上司，就会

拖累整个团队。如果他的决定是错误的，那么你就要指出来，对
于错误的指令要敢于拒绝；如果上司不能接受你合理的意见，那
么你最好尽早离开这个团队。

把自己当成项目主管

一些刚进入职场的新人认为对于上司的命令要无条件服从，先
入为主地认为上司指挥下属是理所当然的运作模式。这些新人在
工作中就如同一台机器一般，从不主动工作，只是被动地等着上
司交代工作任务，然后才会去做。这些人认为工作质量和进度与
自己没有多大的关系，认为这些全是上司掌控的，自己无须操心。

但是，向上管理和从上而下的管理方式截然不同，向上管理
是由员工管理自己的上司，工作由员工掌握。在这种模式下，员
工要学会主动承担工作，自己掌控工作进度和质量，每份工作都
由员工做主导者。换言之，就是在工作中，员工能够将自己当成
领导者。向上管理的真谛就在于此。

为什么说向上管理非常重要呢？因为这个概念的推广对公司
的所有人来说都非常有利。在常见的从上而下的管理方式中，员
工的心态是等待分配工作，如同一台机器，没人开启就不会工作，
持这种心态的人在目前这个竞争激烈的环境中是没有竞争力的。

要想在职场上获得成功，就必须学会向上管理。当你掌握了
向上管理之后，在工作中就能够主动出击、积极向上。保持这样
的工作状态，用不了太长时间，你的上司就会意识到你在公司中
所起的作用，你也就在职场中站稳了脚跟。

当一个员工真正理解了向上管理之后，即使上司没有给他分
配工作，他也会主动地找工作去做，而不是闲着、等待上司分配

下一项工作。而在工作时，向上管理会让他把工作看作自己的事情，积极思考怎样做才能把工作做得更好。当在工作中遇到困难时，他会主动寻找解决办法，而不是在原地等着上司告诉他解决方法。完成工作之后，他还会总结自己是否有不足之处，还有哪些有待改进的地方。

如果员工能够做到这些，那么不论他在任何一家企业的任何一个岗位上工作，都能成为一名优秀的员工，得到周围人的高度评价。所以，学会从下而上的管理对每个人都非常有意义。

第二步，主导沟通：向上管理就是和上司"最完美的沟通"

在工作当中，如果下属不懂得向上管理，就会猜测上司的心思，但因为不了解上司，你的猜测不仅不对，反而还会影响你和上司之间的关系。

情境

小乔是某设计公司的设计师，他在工作中勤恳敬业，总是努力把自己分内的工作做到最好。但是他和上司的相处很不顺利，因为他摸不准上司的性格，对上司有畏惧心理，汇报工作的时候也不得其法。

一次，小乔陪上司见一个客户。小乔想要给上司留下认真工作的印象，于是在客户面前特别热情，有问必答。

回来以后，上司闷闷不乐，看了看小乔，摇摇头就走了。小乔不知道自己哪里做错了，从此对上司越来越畏惧，避免一切和上司单独相处的可能。

一天，小乔下了班，上司叫住他说："下班一起吃饭吧。"

吃饭的时候，小乔惴惴不安，以为上司又要批评他了。结果上司说："小乔啊，你知不知道，你和我年轻时特别像，工作上有冲劲，很有天分，但是经验不足，又太内向。我把一些关键工作交给你，也是想锻炼你；我每次批评你，都是希望你能进步。上次你陪我见客户的时候，你表现得过头了，好多不该回答的问题你回答了。后来我一直等你来问我'自己哪里做错了'，没想到从那以后你更退缩了。以后你要多找我汇报，多请示工作方法，没关系的。"

小乔如梦初醒，这才发现自己以前误会上司了。通过这次沟通，小乔了解了上司的想法。

情境解析

在人际关系尤其是上下级关系中，80% 以上的不和谐都是由沟通不畅导致的。你和上司相处得不好，往往是因为相互磨合和了解得不够。

尊重和沟通是建立良好关系的基础，要通过沟通促进彼此的了解。

通过沟通，你会了解：**上司的工作偏好是什么？上司希望你如何工作、如何汇报？上司是希望你早请示，还是希望你能够在工作完成之后进行汇报？上司是喜欢轻松、简单的口头汇报，还是喜欢严谨的书面汇报？**

小乔不知道上司对自己的期望，也低估了上司对自己的评价，因此做事容易慌张、失去分寸。

向上管理的实质是你和上司进行完美的沟通。

但是，向上管理并不完全等同于向上沟通，向上管理的内涵要远远多于向上沟通。向上沟通仅是信息传播和达成共识的过程，而向上管理是一个系统性的工程。向上管理需要通过3个步骤完成。

第一步，配合：从战略上配合上司的工作方式和工作目标。

第二步，融合：除了配合上司，你还要把上司的工作方式、目标和你的工作方式、目标融合起来，达到一种和谐的状态。

第三步，实现：向上管理要求你在辅佐上司的同时，实现你的个人价值追求。向上管理是一个双赢的过程；向上管理是你通过努力使上司改变的过程；向上管理也能够使你获得更多的资源和权力，影响比你层级更高的人。

积极主动地沟通

我们前面花费很多笔墨阐释沟通，但是仍然不够，在向上管理中，我们要谈的内容还是沟通。所有的工作都建立在沟通的基础上，要实现向上管理，也需要依靠主动而有效的沟通。

你要么被动接受，要么主动沟通。不要总做被动接受的人，只有主动沟通的人，才是真正掌握局面的人。

不要认为上司"应该知道"什么，也不要"预先设想"上司不愿意知道什么——大多数情况下，只要你愿意沟通，都大有可为。

让沟通的阻力最小化。人类的天性是懒惰的，永远会选择相对轻松的那个决策。如果你不愿意主动沟通，上司也不会愿意主动和你沟通，这样一来，你们将陷入一个对抗的局面。当你迈出第一步后，上司会发现沟通的阻力变小了，那么他也会愿意配合你。

向上管理、沟通本身是一个双赢的过程，只要你愿意沟通，你会发现 80% 的事情掌握在你的手中。因此，如果你想让上司听到你的声音，你就要先发声，把你的意见、想法、疑问、建议都说出来。

你要遵循的原则是合理、具体、坚定和礼貌，同时要以简洁的方式说出来。

不要对自己沟通中的不作为视而不见

有的人以为自己在工作中不犯错就很好了，但是在与上司沟通和向上司汇报的过程中，你的不作为同样是错的。

如果你的上司从未表扬过你，你会怎么想？你会认为他如何评价你？你肯定会觉得，他并不欣赏你。也许上司不表扬只是他的不作为，但是你会把这当作负面信息。如果期望和上司进行有效的沟通，身为下属的你就要改变不作为这一点。

所有人希望自己的上司能够好好和自己沟通，希望上司能够理解自己；希望上司能够听自己的倾诉，并给予指导；希望上司主动问及自己的感受和自己是否需要帮助；希望上司能够发现自己的低落情绪，并帮助自己解决问题……

如果你希望上司能够好好和你沟通，首先你要主动和上司沟通。

沟通期望：通过沟通分享彼此的期望

分享对彼此的期望这一点十分重要，下属首先要知道上司对自己的期望，并敢于把自己对上司的期望说出来。

沟通风格：通过沟通找出最适合双方合作的风格

和谐的上下级工作要求和谐统一的工作方式。实现向上管理，首先从建立和谐的工作步调开始，先在工作中了解、接受上司处理问题的方式，并明确自己的职责要求。在适应上司的基础上，可以向上司提出建议，告诉他你更适合哪种工作方式，磨合并调整彼此的步调。

沟通信赖：建立信任和依赖

向上管理的过程也是建立信任的过程。通过共同协作、配合，信任能够很快地建立起来。秘诀是：任何情况下，你都不要让自己的上司感到难堪。即使你是对的，你也要维护上司的面子。

同时，不要对他撒谎。你可以隐瞒一时，但是纸终究是包不住火的。你一次的不诚实，可能就会使你永远失去上司的信任。别忘了，上司的压力也是非常大的。你在衡量他，他也在衡量你：这个人可不可靠？我能不能把他当作可以信任的人？我可以相信他吗？

失去上司的信任，是你为自己职业发展制造的最大障碍。

沟通压力

你需要了解上司的处境，知道他的压力，同时你也需要让上司知道你的处境，了解你的压力。

告诉上司，你希望他如何做

很多下属没有勇气对上司说出自己的希望。当你鼓起勇气这样做时，你会发现，很多时候，上司愿意在他力所能及的范围内协助你。

第三步，主动出牌：不要总等着你的上司先出牌

下属在工作中积极与上司沟通和协调，既能够准确了解信息，

消除隔阂和阻碍，提升工作效能，又能向上司表达自己的意愿，让上司更多地了解你，形成积极的双向互动，让你与上司的关系保持在一个有利于工作、事业的氛围中，形成和谐愉快的工作环境。

情境

我工作的第一家公司是生产彩电的。我进入这家公司之后，公司新成立了一个手机部门，于是我被调到手机部门，负责成立一个营销中心。那时候国内做手机的公司很少，我们做的手机质量也一般。

3个月内，我们开发了9款手机，但都很不成熟，卖得也不好。新的产品上市没有多久就被迫停产了，但是更新型的产品我们又研究不出来。上司要求我们不断加强研发，不断推出新产品。

我知道不断推出不成熟的新产品，是对上司不负责、对组织不负责、对我自己也不负责的表现。于是我开始劝阻上司，说这样只会给组织带来损失。但是，他觉得箭在弦上不得不发，任何事情都是有风险的。

后来我想到了一个主意。我做了一份详细的关于国产手机情况的调查报告，然后我对上司说："先前的方法风险太大。我们可以先在小范围内推出手机，做一下试点销售，然后再决定要不要保持快节奏的研发和更新。"

我的上司同意了，我们开始做小范围试点，结果销售的情况非常差。我的上司很后怕：这要是大范围推出，对企业不仅毫无好处，他自己也要承担责任。

在那个时代的手机行业中，只要产品做好了，销量就不在话下。我向公司提出一个建议——不懂产品的总经理只能做副职。公司决策层采取了我的建议，从那以后，不懂产品的总经理就只能做副职了。这就是我在工作中主动出牌、向上管理的经历。

后来我换了工作，在四川辅导一家家具企业。家具行业在那几年的竞争达到白热化。那家企业的领导的认知常常会有偏差，设计部做出非常好看的设计，技术部实践的时候就出现了一些偏差，到了生产部又有一些偏差。结果最后生产出来的产品和一开始设计部设计的方案差异比较大，领导看到最后的实物当然不能接受。

那个生产部长就很聪明，他先把上司请到设计部，让上司看设计图纸；然后去技术部，让技术人员现场解释样品为什么有偏差；到了生产部，又让领导实地考察产生偏差的原因。结果领导很顺利地接受了最终的产品。

情境解析

以前我做下属的时候，非常喜欢把上司带到现场去汇报。

在职场中，我们经常遇到的问题是：意见不被重视，要求的资源不被批准，做出的方案被驳回。

意见、资源、方案的决定权毫无疑问都掌握在上司的手里，但你并不是完全被动的，通过向上管理你也能获得资源。这就涉及向上管理的第三步，即学会适时地主动出牌，而不是永远等着上司先出牌。

被动完成工作是你的职责，但是这既不会让你脱颖而出，又不能让你获得工作的主动权。你要认清自己的能力和兴趣，当有适合你的工作时，你可以主动请缨。

在平时，你也要常常向上司提出你的不同想法，让上司知道你是有想法、愿意主动做事的人。这个过程就像跳舞，双方一进一退，互相了解和试探。

"适时地主动出牌"，有以下方法。

1 ▶ 转换思维，开始用上司和组织的思维思考

在工作中，我们司空见惯的错误就是员工总从自己的角度思考和工作，缺乏大局观和时空观。

当你开始把自己放到更高一级的位置去思考，你就会从事物的本质去考量。这样，当你解决一个难题时，你解决的不会只有现在的难题，还有未来的难题。

要学会从上司最关心的角度思考问题和工作。例如，你的上司最关心的是业绩，即使你无法做出最好的业绩，你也要从业绩增长的角度去思考，给出可以让业绩增长的方法，探讨这种可能性。

2 ▶ 在你需要上司采取措施的时候，提出明确的要求

不要只等着上司分配资源，你也可以主动索取。当你的工作需要上司采取行动、给予支持时，就要明确地向上司提出来，并清晰地阐述你需要什么、你为什么需要这些。

这时，你不要含糊其辞，也不要拐弯抹角，千万不要让"上司拒绝我怎么办"这种没有意义的纠结浪费时间。

你的工作同时也是上司的工作（这一点千真万确），至少在工作目标的达成上，你和上司的利益是一致的。

当你需要资源时，要秉承积极沟通的原则，明确提出来。你

可以面对面地提出要求，也可以通过书面提出自己的要求。

提出要求是协商的第一步。不要妄想上司会满足你的任何要求，也不要因为上司的拒绝而气馁。要知道，这只是正常工作中的正常一步，双赢永远是你和上司的共同目标。

上司不可能同时解决所有问题，在处理你的问题和管理他自己的时间之间，也常常会发生冲突。

如果你需要高效率，那么你就需要帮助上司管理他的时间。要注意他的时间表，并且提醒、帮助他安排时间。

另外，要注意区分例行性问题和重要问题。

如何做到这一点？简单来说，当你不需要上司给出关于某件事的意见时，就不要问他。例如，你准备如何安排自己明天的工作、客户来了用什么茶叶接待等。

3 ▶ 主动提供给上司更多资讯

第一，你要确定提供的是资讯而不是资料。有价值的、能够对决策产生影响的才是资讯。

第二，不要总是传达坏消息，传达好消息非常重要。

第三，提供资讯的时候，要确保上司不知道这个信息，不然你就会闹笑话。

4 ▶ 成为解决问题的那个人

之所以会产生问题，是因为目标和现状之间有了偏差。为了缩小这种偏差，你可以找到多种办法，即使不能使结果和目标完美相符，你也要找到更接近目标的办法。你选出的解决方案必须包含任务、时间期限、人力和资源。

5 ▶ 你才是解决问题的专家

不要以为上司一定会了解某件事。当你需要上司了解某个问题时，你要注意：你才是解决这个问题的专家，你需要做的就是教会你的上司。你要用简单的方式，使上司了解问题、掌握情况。

6 ▶ 追踪结果并进行汇报

不管在什么时候完成了什么任务，都要告知相关各方这项工作已经完成及结果如何。不能假定他们会知道这些，而且在大多数情况下，你不说他们就不会知道。你要主动表示"这项任务已经按我们协商的目标完成了"，这样上司和其他人就会清楚目前的状况，这点至关重要。实际上，这是获得上级信任的最有效的途径之一。他们会迅速回复你，让你追踪、汇报工作进展；他们还会认为你是一名能干的、专业技能出众的下属。

7 ▶ 提供反馈，并且要求别人做出反馈

有效地提供和接收反馈是高效团队的另一项关键能力。足够的相互尊重、信任和默契对团队成员自由反馈来说至关重要。通过反馈，团队能对政策和行为做出必要的调整。因此，如果某种情况让你受到挫折，你就可以积极而礼貌地进行反馈。至少可以让上司了解从你的角度来看实际情形如何，你的感受如何，以及此时你想要的结果是什么。

🕐 第四步，获取认同：让上司认同你设想的影响力法则

所谓影响力，就是一种认同。在工作中，员工只有建议权，

决定权在上司。下属跟上司若沟通不畅，你的建议就不会被上司所认同。若不被上司认同，你的建议和点子再好都不会被采纳。

情境

陈先生是某公司的产品部经理。某次，公司新研发了一种电子产品。因为这个产品的技术含量非常高，所以推广方式不同于以往的产品。陈先生根据这个产品的特征、用户群，拟定了一套全新的销售方案，但方案交给上司后被上司驳回了，理由是风险太大。

陈先生深信自己的方案有优势，但是他并不急于让上司马上接受它，而是采取了缓慢渗透的方式。在之后的会议和讨论中，陈先生先是肯定上司原有方案的优越性，充分表示了赞同，但是，在讨论方案的操作过程时，陈先生开始把自己方案中的一些思想和做法渗透进去。

在长达几天的讨论中，上司开始对陈先生的方案产生兴趣，终于，陈先生找到了一个机会，充分演示了自己的方案。最终上司决定采取一种融合两种方案的新方案，新方案中 80% 的内容都来自陈先生的创意。

情境解析

向上管理的第四步，就是让上司认同你的设想。

让上司认同你的设想并不容易。在工作中，我们常常会遇到自己的方案明明非常好，却被上司驳回的情况。这时，有些人为了避免和上司产生冲突就放弃了自己的方案；还有一些人会坚持自己的方案，和上司"硬碰硬"。

一味硬拼固然不是上策，为了避免冲突就放弃自己的立场同样不是什么好方法。

如何令上司认同你的设想呢？

1 ▶ 承诺和一致法则：避免冲突，迂回地达成目的

根据影响力法则，人类受一种"承诺和一致"的力量影响，这种影响力是指当人们表达自己的立场时（即承诺），人们就有要维持它的愿望（即一致性）。

公开和上司发生冲突或争论，只会让上司把他本来模棱两可的态度变成坚决反对。如果上司并不认同你的设想，那么不要和他争吵，不要让他觉得他必须坚持自己的立场。

承诺和一致法则也能够被你利用：提醒上司，让他知道你的设想能够达成你们曾经期望的效果。

这需要你多多沟通，了解上司的期望，并把上司的期望和你的设想结合起来。这样当你对上司说出你的设想时，就会使上司想起你们沟通过的内容，使他认为你的设想能够达成曾经期望的效果。

期望是一种潜移默化的力量。曾经说出口的期望也是一种承诺。

2 ▶ 价值法则：说出你的想法和方案的价值所在

人会趋利避害，会选择令自己利益最大化的那个决策。你的上司也绝对脱离不了这个定律。

如果上司不认同你的设想，说明你的设想在他看来不符合利益最大化法则，那么你要做的就是让上司看到你的设想才是使价值最大化的方案。

要准备充分的事实、数据和资料来说明这一点。你偏向某个方案一定有你的理由，要让上司认同你的方案，你就需要拿出明确的理由。确凿的资料、数据能够消除异议，使上司看到你设想的价值所在。

3 ▶ 登门槛法则：让上司一点一点地认同你

一开始就让上司认同你的全部设想，有时并不现实。人们接受外来意见远没有想象中那么容易，但是你可以通过登门槛法则来实现，让上司一点一点地认同你。

登门槛法则是指先让对方认同一个小意见，再让对方认同一个大意见。你可以和上司先在一个地方达成共识，再慢慢让上司接受方案的其他部分。

4 ▶ 印象管理和社会交换原理

向上管理还可以通过两个非常简单的途径达到。

第一，印象管理——管理你给上司的印象。

简单来说，印象管理就是在上司面前留下一个好印象。你要注意自己的工作细节，注意自己待人处世的方式，用你的个人魅力影响他人，用你的专业知识证明自己。在任何时候、任何场合你都做好充分的准备。

印象管理的本质就是做好自我管理，让上司看到你一贯优秀的表现，对你形成一个"这是很可靠的下属"的印象。

领导对你的印象好，你在他的心里就有参考权。什么是参考权？参考权就是上司认为你很可靠，你的意见值得参考，你这个人值得信任，你说的话应该有你的道理。

此外，你还需要磨炼自己的专业技能，提升自己的专业能力，给上司留下一个"专家"的印象，这样上司才会更信任你在专业领域的意见。

第二，社会交换原理——为上司创造有利的价值。

如果你明白知恩图报、互利互惠的道理，你也会懂得社会交换原理的内涵。社会交换原理无处不在，影响着人际关系。

身为下属，如果你可以为上司创造有利的价值（可以是出色的工作表现，可以是工作外的协助，可以是上司最需要的咨询），你的上司就一定会回馈你。他回馈你的可能是更多的表现机会，甚至是升职、加薪。

也就是说，你可以通过多帮助你的上司立下功劳，让上司觉得获得了你的帮助，有必要回馈给你。对组织来说，上司和下属间的交换关系越好，组织也会越高效。

第五步，协助提升：上司和你共同提升是向上管理的最高境界

跟对人，做对事，事业上才能有所成就，这是职场人士的共识。因为一个上司要有个人的魅力（知识、能力、情商、胸怀、意识），才能吸引并且培养有能力、有思想的优秀下属，所以，你要想升职快，必须跟对上司，和上司搞好关系，同时，还要跟上司一起提升。因为上司能力提升了，他的职位和业绩也就得到提升，到时候他自然忘不了你这个功臣。

情境

王先生在一家民企工作 4 年了，职位是人力资源主管。企

业老板白手起家，抓住了市场中的机会而成功。但是，这家企业的老板的文化程度并不高，喜欢事必躬亲，凡事都要牢牢掌握在自己手里，绝不放权。老板喜欢任人唯亲，和他一起创业的老员工都得到了重用，新员工再有能力也得排在后面。

作为人力资源主管，王先生意识到这样对公司的发展没有好处——不仅造成人才流失，还导致公司大而无当、效率低下。

公司的其他主管都委婉地建议过老板做出改变，但是老板并不听。王先生经过分析，认为老板任人唯亲、不愿放权的根本原因在于缺乏对企业管理的了解。在公司初创期，事必躬亲、重用自己信任的人，是帮助企业快速发展的有效途径，但是随着企业越做越大，老板必须学会放权和不拘一格地任用人才。

一次，老板要求员工对公司的管理提出建议，王先生认为机会来了，就做了一份详细的提升企业软实力的计划书，其中不仅包括员工的学习培训计划，还把老板提升、学习的计划放入其中。王先生对老板说："您是我们公司的中心，也是领头人，您的学习进步能够给公司带来莫大的好处，尤其是现在的MBA课程，参与学习的是各企业总经理，您去参加这类课程，对企业积累人际关系资源也是极其有利的。"

老板欣然应允，一边报读了MBA课程，一边常常参加很多企业家参加的人力资源峰会。经过系统学习，和其他企业家深度交流，老板的思路产生了极大的改变。他开始给下属放权，提拔有能力的新员工，安排有潜力的员工参加培训。一年之后，企业的业绩、效率都有了极大的提升，王先生也因此得到了老板的信任和重用，晋升为副总经理。

～～～　情境解析　～～～

职场中的困境之一就是你的上司并不完美，他可能不会给你的工作带来帮助，甚至还会阻碍你的工作（例如，王先生的老板不愿意授权，就在某种程度上架空了人力资源部门，使王先生的权限狭窄）。面对这种情况，消极的员工可能会得过且过，但是积极的员工能从中看到机会——向上管理的机会。

作为负责任的下属，向上管理也是你的职责。如果上司有很大的缺陷和不足，那么向上管理、巧妙地帮助上司提高，不仅使你的工作开展得更顺利，而且是你获得赏识和晋升的好机会。

其实，向上管理可以实现你和上司的共同提升，同时也是实现组织、个人和上司"三赢"的大好机会。

～～～　给上司安全感　～～～

上司也是需要安全感的。

什么是安全感？当你来到了一个未知的地方，你会感到不安全；当身边全是陌生人，你会感到不安全；当你发现情况失控时，你也会感到不安全。

安全感的本质就是对现状的控制感。如果上司感到一切不在他的控制之中，他就会失去安全感。这就是为什么即使上司并不需要，他也希望你常常向他汇报。汇报的过程就是安全感重新回到他身边的过程。

给上司安全感有两种途径。

第一，给上司掌握工作全局的安全感，让他感到自己的管理地位没有受到任何挑战。一方面让上司看到你在努力工作，另一

方面要经常和上司沟通，让他看到你的工作进展情况。

第二，服从上司的一切安排。即使你有不同的意见，也要先表示同意，再采取巧妙的方式影响上司。

美国管理学家肖恩·贝尔提出，上司对下属的核心期望是沟通（主动的、和谐的）、服从（无条件的）、支持（全面的）、努力（完全的）、态度（端正的）和成果。当你能够满足以上所有因素时，上司已经完全受你影响了。

彼此受惠：你让上司卓有成效，他也会回报你成效

大多数员工没有实现有效的向上管理，其实是因为他们从来没有想过要去做这件事。向上管理真正实行起来并不困难，它是"二八法则"的真实体现：20% 的事情决定了你向上管理 80% 的效果，20% 的向上管理决定了 80% 的工作。

这关键的 20%，总结成一句话就是"让你的上司卓有成效"。当你能够让上司卓有成效时，他也会回报给你成效。要做到这一点，首先要放下成见。我经常听见有人抱怨他们的上司"挑剔""狠心""变态"，但是上司之所以能够成为你的上司，肯定不是因为他对你挑剔、狠心又变态。他有着不可替代的优点，才成为你的上司；而他那些让你痛苦的小毛病，其实可以通过你的向上管理来弱化。要么接受现状，要么改变现状。

巧妙地帮助上司提升

我强调了无数次：上司也是普通人，是普通人就愿意变成更好、更优秀的人，是普通人就会趋利避害。因此，如果你真心实意地帮助上司提升，他一定会感激你。这个提升可以是业务能力

上的提升，也可以是心理上的提升。

以前我做营销副总的时候，我的上司不会喝酒。在营销总经理这个岗位上，不会喝酒是很大的弱势。尤其，有的客户喜欢把喝酒与签单联系起来，那种情况由不得你不喝。但是要喝，他的酒量又不行。我看在眼里，平时也经常帮他挡酒。某次，我出差的时候，买了一种在喝酒前吃一点儿就能够解酒的酸奶膏给他。他一试，觉得不错，既高兴又很感激我。

这种小事很容易办到，前提是你要把上司的问题当成自己的问题，把上司的目标变成自己的目标。

了解上司的目标，并且帮助上司达成它

每个人都有工作上的目标，你的上司也是如此。

你需要达成自己的目标，你的上司也要达成他的目标。

即使你的上司是公司的最高领导者，他也有必须达成的目标和必须完成的任务，如营收、利润、客户关系、市场竞争等，甚至他还会受制于一些事情，如经济政策、法律法规和其他公司合约的制约，以及股东对他的监督，等等。

如果你的上司是中层领导者，他的目标可能更多的是业绩、KPI绩效指标，以及他的上司对他的观感。

了解你的上司的目标，就是了解他的动力和压力。大多数人专注于自己所在层级的麻烦、目标和任务，而忽视了上司也被麻烦、目标和任务所困扰。

如果你想实现向上管理，想要你的上司赏识你，想要你的上司卓有成效，就要先考虑上司的目标，不要把眼光仅局限在自己的"一亩三分地"，不要把目光仅局限在自己被分配的具体工作上。

你要站到更高的位置，站在上司的角度去看他的目标，并且寻找上司和你的目标之间的重合点。

一旦你站在上司的角度看任务，就会很轻易地分辨哪些任务才是你应该马上完成的重点任务，哪些任务千万不能推迟（须知你推迟的是上司的任务），哪些任务即使你拖延一两天你的上司也不会有意见。

当你必须取舍、改变方案时，你也要根据上司的目标决定如何取舍、如何改变。

如果你的上司特别在意一个产品的上市时间，你就不要对他说这个事情可以怎么延迟，而要想方设法地达成他的目标——让产品及时上市，是外包给其他公司，还是加派人手，这样上司才会对你满意。如果你不考虑上司的目标就随意建议，你只会让上司愤怒。

一个卓越的下属应该养成这样的习惯：在面对一个问题，除了考虑自己的目标外，还要考虑上司的目标，考虑上司害怕什么、最在意什么，考虑你的目标的完成情况对上司的影响。

如果你的目标和上司的目标有很大的相关性，你就应该赶快和上司统一战线，并且让他看到你的积极举措，这个时候，你的上司也会更乐意协助你。

了解你的真正的角色定位

你真的了解自己在上司眼中、在职场中的角色定位吗？恐怕未必。大多数人虽然处在自己的职位上，做着符合自己职位要求的工作，日复一日地履行着自己的职责，但是并不明白自己的真正的角色定位。

　　有些人比较幸运，虽然他们也不知道自己的角色是什么，但是刚好做了一些符合自己的角色定位的事情。而那些不幸的人不知道自己的角色是什么，也没有做过符合自己的角色定位的事情，最终吃力不讨好，始终得不到上司真正的认可，也得不到上司分配的利益和资源。

　　现在到了答案揭晓的时刻，你真正的角色定位是什么呢？

　　答案是"解决问题的人"。

　　这个答案可能会使很多人大吃一惊，因为在他们心里从来没有把自己和"解决问题的人"画过等号。相反，他们常常有意无意地把这个角色和别人——如自己的上司画等号。

　　这样一来，出了任何问题你都觉得没关系，因为自己不是解决问题的人，上司才应该是那个解决问题的人。抱着这种想法的人虽然日复一日地工作，但是始终没有办法成为一个卓越的员工。

　　从现在开始付诸行动吧，为了使自己早日真正成为"解决问题的人"这一角色而努力。只要付出行动，你就会变成这样的人。那时，职场的成功之门才会真正向你开启。

PART 03

情商决定能力：职场精英
汇报工作的秘诀

　　人在职场，要学聪明，情商在很大程度上决定了职场格局的大小。高情商的人，既让别人舒服，又不会委屈了自己。

　　本部分详细地介绍了职场精英汇报工作的秘诀！

秘诀 1　汇报工作要行动在上司前面

　　俗话说，早起的鸟儿有虫吃。高情商的下属不但行动快，也懂得上司最关注的还是自己的工作结果，所以，情商高的人会在任何结果出来之后的第一时间向上司汇报，这样行动在上司前面后，就满足了上司对他工作结果的关注问题。

～～～～～～～～　情境　～～～～～～～～

　　刘忠和陈豪在上班的第一天，领导让他们对公司新上市的一款产品做个市场调查，把这款产品的销量情况汇报上来。

　　公司楼下的一家超市是他们公司这款产品的代售点。

　　刘忠立刻跑到楼下超市，花了两个小时进行观察。之后他回到公司向领导汇报："我在代售我们产品的超市等了近两个小时，经过仔细地观察，我发现我们公司的新产品一共卖出 10 包。"

　　领导问他："购买者的年龄分布如何？男女比例如何？"

　　刘忠一愣，接着哑口无言，不得不返回继续调查。

　　与此同时，收到同样任务的陈豪，正在楼下的超市用笔和纸记录顾客的行为。同样是两个小时，陈豪却得到了跟刘忠不同的信息。

　　等刘忠汇报完后，他向领导汇报："通过近两个小时的调研，我发现我们公司的新产品共卖出 10 包，在所有同类产品品牌中排名第二。我仔细分析了排名第一的同类产品，发现它们的质量跟我们的产品质量差别不大。顾客之所以喜欢这种产品，是因为其包装上的设计独特，很醒目，能在短时间内吸引顾客，同时，这类产品品种多，为顾客提供的选择余地大。我们以后可在文案策划和品种多样化上努力。我还发现，购买此类产品的大部分是年轻人，且以女士居多，占了 80%。我想我们以后可以增加一些儿童及老年人专用的品种，并可在男士市场开拓上加大力度。"

领导听了陈豪的汇报，连连点头。

一年后，陈豪升为市场销售部经理。

情境解析

陈豪之所以能升为市场销售部经理，是因为行动在领导前面，对领导没有明示但对公司有利的数据进行了统计与分析。这份以领导自己调研的态度要求自己，并能换位思考领导所需的报告，才是绝佳的工作报告。

身为员工，不但要把领导交代的工作做到位，还要行动在领导前面，这是正确汇报工作的第一个秘诀，它意味着我们在汇报工作时，不但能达到领导的要求，还要超过领导的预期。要想行动在领导前面，员工需要反复思考领导的所需，以高标准要求自己并进行有效的汇报。只有这样，你才能在汇报工作时以领导的态度要求自己。懂得换位思考，给领导提供意料之外的收获。

总之，下属向领导汇报工作时要从以下 4 个方面考虑，如图 3-1 所示。

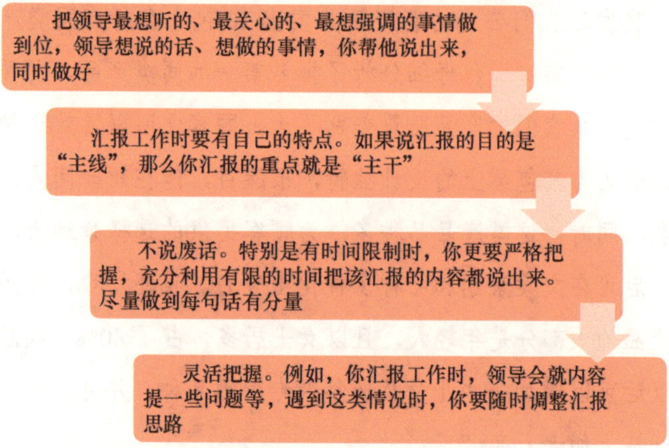

把领导最想听的、最关心的、最想强调的事情做到位，领导想说的话、想做的事情，你帮他说出来，同时做好

汇报工作时要有自己的特点。如果说汇报的目的是"主线"，那么你汇报的重点就是"主干"

不说废话。特别是有时间限制时，你更要严格把握，充分利用有限的时间把该汇报的内容都说出来。尽量做到每句话有分量

灵活把握。例如，你汇报工作时，领导会就内容提一些问题等，遇到这类情况时，你要随时调整汇报思路

图 3-1　下属向领导汇报工作时要考虑的 4 个方面

秘诀 2 汇报工作时要选好时机和场合

高情商下属在向上司汇报工作时，比较看重时间和场合，也就是说，他们考虑得很周全，如他们不会在公共场合汇报工作，一是担心工作内容泄露出去，二是觉得当着公司以外的人提起个人工作是不大合适的。另外，他们也不会在上司心情不好的时候汇报工作，因为他们知道，上司也会有情绪的，当他心情不佳的时候，判断问题的准确度会打折扣，过后追究你的责任就惨了。

情境

小末是一家公司的业务员，他的工作能力很强，他在公司工作了 3 年，为公司做出了不少业绩，却迟迟得不到晋升。

一次，他得知领导又提拔了一个在能力、业绩等方面都不如他的同事，十分生气。特别是当他想到自己在公司中总是承担难度大的任务，心里更加不平了。恰好他手头做的一个大项目有了眉目，如果做成这个大项目，他真的就成了公司的大功臣。想到这里，他准备在向领导汇报完工作后，顺便提一提自己升职的事情。

那天是周一上午，他来到领导办公室，听到领导在大声地打电话，领导的情绪似乎很激动，小末一心想着汇报工作，就没有多想，等领导挂了电话，他敲门进去了。

让小末郁闷的是，领导并没有因为小末谈的这个项目有了眉目而高兴，领导拉着脸问他："你对这个项目有多大把握？"

小末心想，这种事情可不能完全确定。于是就说："客户对我提的方案感兴趣，接下来想让我们去见见他。"

"我没有时间。"领导有点儿生气地说，"你是老业务员了，和客户谈时，别动不动就把我搬出去，我手头这么多事情，如果天天跟着你们出去谈客户，那我招你们干什么？好了，我现在还有更重要的事情要忙，你先下去吧。"

小末看到领导一副拒人千里之外的样子，既委屈又无奈，只好悻悻地离开。

回到座位上，他想到自己在工作中做事总是费力不讨好，有点儿想辞职了。就在他纠结时，他听到新上任的主管对公司的一个实习生说："这个项目的进度，你应该多向领导汇报。"

实习生忙说："好的，我现在就去。"

主管拦住实习生："我建议你周一别去找领导汇报，特别是上午，这是领导工作最忙的时候，如果没有特别重要或是非汇报不可的事情，最好不要打扰他。"

实习生问："那我什么时候汇报合适呢？"

主管提议："怎么也得过了周一吧。领导心情好时，你再去汇报工作。"

小末听着主管的话，又想到自己刚才汇报工作的情形，恍然大悟：我终于知道我不能升职的原因了。我从入职到现在，我向领导汇报工作，总是想起来就去汇报，由着自己的性子，从不在乎领导的心情。

情境解析

汇报时机对汇报效果的影响重大。在职场上，员工向上司汇报工作，一定要注意汇报的时机。上司和我们一样是普通人，会烦心，也会遇到不顺心的事情。例如，你的上司也有上司，当他被自己的上司骂过时，或者在跟客户、下属生气时，或者遇到家庭纠纷问题时，这是上司心情最低落的时候，你千万不要再向他汇报工作。

还有一种情况，当上司办公室有同事、客户时，你要等他办公室没人后，先探探上司的心情再决定是否汇报工作。

一般来说，汇报时机分为两类，如图 3-2 所示。

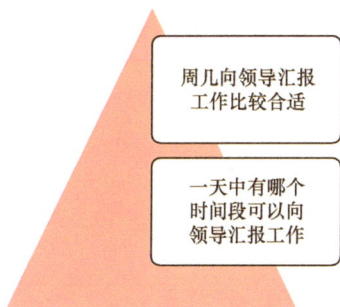

周几向领导汇报工作比较合适

一天中有哪个时间段可以向领导汇报工作

图 3-2　两类汇报时机

加拿大心理学家、麦吉尔大学教授德比·莫斯考维茨曾做过一个有趣的研究，根据人一周的行为规律画出了一幅一周工作节律图，得出了这样的结论：每个人的一周是有规律性的。例如，周一到周五，人的工作节律大不相同，在一周的前半部分，人的精力旺盛，态度和行为比较激进；一周的后半部分，人的精力逐渐下降，这时候人的情绪比较稳定，变得更易通融。

而这个规律同样适用于你的领导，如果你能够根据领导在这一星期内的生理节律行事，那么你和领导的工作交流将更加顺利。

我们可以选择在周二或周五汇报工作，这样领导更容易和你互动与沟通。不过，这只是一般规律，并非绝对的，你还需要察言观色、随机应变。总之，只要你能够做到在领导心情愉悦时汇报工作，效果会非常棒的。

在一天中哪个时间段向领导汇报工作的效果更好呢？实践证明，早上 10 点多是向领导汇报工作的最好时间，此时领导刚处理完紧急要务，心情比较放松，领导更容易做到倾听与包容。

一定要记住，千万不要在下班前几分钟找领导谈工作，此时领导经过一天的忙碌或下班后还有自己的私事要处理，你突然出现在领导面前谈工作，只会令领导心烦。

实际上，汇报工作除了要注意时机外，还要注意场合。可以通过会议的形式正式汇报的，尽量不要临时汇报；需要临时汇报的，也要看领导的时间是否允许，通常情况下，要选择领导乐意听取汇报的时机进行汇报。切忌在路上、饭桌、家中向领导汇报工作，更不能在公共场合与领导耳语来汇报工作。

此外，向领导汇报工作时一定要按级向上。就是要向直接领导、分管领导汇报，必要时，再向其他有关领导汇报。这样既可以及时得到领导的指示，也可以避免引起领导之间的矛盾，同时不会导致个别领导对汇报者产生误解，所以无特殊情况，一般不要越级汇报。

秘诀 3 汇报工作前要了解上司的性格

在工作中，我们需要跟性格不同的上司打交道，如果不了解上司的性格，就很难与上司进行高效的沟通，最终导致工作不能顺利地进行下去。那些高情商的人，之所以能够在不同性格的上司面前游刃有余，并不是因为他们会说，而是他们懂得在汇报工作之前摸准上司的脾性，这样方能在汇报工作时对症下药，或是出现突发情况时见机行事。

~~~~~~~~~ 情境 ~~~~~~~~~

苏刚是做文秘工作的，他工作多年，在工作上十分顺手，堪称一位称职的秘书。但自从公司换了领导后，他感到工作难度越来越大，主要是在和领导的沟通上。

新来的领导做事果断、脾气暴躁。每次他向领导汇报工作时，总会莫名地受到一顿批评。

一次，苏刚怀着忐忑不安的心情向领导汇报工作："领导您好，刚才小张来找您，希望跟您谈谈项目的收尾工作。小苏向您请示，可否借用公司的车去机场接回国的同事。还有，您上午 10 点有一个项目启动会，需要您发言，稿件我帮您写好了，请您过目……"他的话没有说完，领导就发火了："告诉我最紧急的事情！"

情境解析

人在职场，难免会遇到脾气暴躁的领导。这种领导的脾气不好，容易感情用事，有时公开批评下属，让下属难以忍受。向这样的领导汇报，下属要善于察觉领导发火的规律与原因，从而在正常汇报的情况下，避免踏入雷区。例如，苏刚在向领导汇报工作时，可以只汇报一件紧急、重要的事情，其他事情则可以交给领导一个便签。

脾气暴躁的领导最反感下属的汇报啰唆、逻辑混乱、内容太多，他可没有耐心听下去。所以，下属要懂得汇报要点，其他的事情写在便签上，等待领导随时询问并处理。

苏刚可以这样向领导汇报工作："领导您好，今天上午9点，需要您出席一个项目启动会，我将文稿提前拟好，望您过目。其他的一些事务，我都详细罗列在便签上，您若有疑问随时给我打电话，谢谢领导。"

通过简短的汇报，领导能够清楚地了解当下最紧急、重要的事就是参加一个项目会议，而其他次要的事情，通过查阅便签就可以了解。如此一来，苏刚帮助领导减少了一次性处理事情的负担，从而能赢得领导的信赖。

针对不同性格的领导，下属的汇报方式会有所不同。如果你的领导是吹毛求疵型，你汇报时一定要注意措辞和表达方式。如果领导批评你，千万不要自暴自弃，要明白这是领导的一贯作风。你要虚心接受领导的批评，努力挖掘领导批评背后的需求，争取下次汇报时按照领导喜欢的方式汇报。当然，吹毛求疵型领导可能每次都会挑毛病，不过我们不要恐慌，要努力在每次汇报中提升自己。

面对不同的领导，我们需要不同的汇报心态与技巧。我们第一次向领导汇报或许不了解领导的性格，这时可以提前咨询老员工，从而更好地把握汇报的主动性。

表 3-1 是向不同性格类型的领导汇报工作的方法。

表 3-1　向不同性格领导汇报工作的方法

领导类型	汇报方法
谨慎冷静型	这类领导崇尚一丝不苟的工作作风，喜欢一份详细的工作报告，下属交给他的工作计划越详细越好。向这类领导汇报工作时，你需要考虑全面，思考细致
妥协懦弱型	这类领导没有主见，容易听从别人的意见。他很容易听从下属的意见，同时也容易受到别人的影响而动摇。在向这种性格的领导汇报时，除了多向领导阐明自己的观点之外，还可让持相同观点的其他同事向领导进言，以支持自己的观点和计划
外向豪爽型	这类领导很少生气，他会欣赏办事细致的下属，也不反感不拘小节的人。他事事表现得外向豪爽，但你也不要因此自鸣得意。在向这类领导汇报工作时，不要用表面来评估而是要注重自己的实际工作能力，汇报时不管如何，要展现出自己的工作水平
吹毛求疵型	这类领导容易百般挑剔。你要习惯、不要太介意他的批评，吹毛求疵是他的性格。在向此类领导汇报时，要冷静分析，如果领导说得有道理，那就按他的要求去做；如果属于无理要求，那就不要太在意，不是因为你不够优秀，而是他的性格与行为模式所致
性格顽固型	这类领导固执己见，他听不进下属的意见，一旦下属反对他的意见，他就大加呵斥。向此类领导汇报时，要保持自己平和的汇报语气；要明确工作的目的不是为了某个人，而是为了团队，领导有错误时要委婉地向他提出建议

秘诀 4 汇报工作要适应上司的工作风格

高情商的下属在跟上司相处时，心里都明白，虽然每位上司做的都是管理工作，但因为每个人的处事风格有所不同，所以，为了确保跟上司愉快地合作，在向上司汇报工作前，都会先深入地观察上司的工作风格，然后根据上司的工作风格来调整汇报工作的方式和形式，达到和上司的工作风格或习惯同步。

情境

风投达人徐新大学毕业后，虽然只在中国银行工作了一年，但她因工作业绩优秀被评为"三八红旗手"。

虽然徐新的入职时间短，成绩却出得快，根本原因是她的能力出众，另一个重要原因是她的工作日志写得太好了，以至于其日志在银行系统内被选为新人培训教材。各层级领导即使没见过她本人，也读过她那被堪称经典的工作日志，这种广泛的认同感最终落实为选票。

由于徐新每天都详细地写工作日志，所以，当向领导汇报工作时，她的思路清晰，能把工作中的重点内容有条不紊地汇报给领导，让领导在短时间内就在她这里得到了想要的结果。

徐新的工作日志不仅是一份详尽的总结或规划，而且是包含了梦想和自省。徐新的日志在记录过去发生的事件的同时，也会如实地写下自己的情绪；在规划未来的行动时，会思考工作效率。通过她的日志，你可以看到未来的详尽规划如何有效地改变了一个人的行事模式；落实到位的日志如何提高了一个人的执行力，以及一个年轻人在实现梦想的过程中，智商和情商是怎样不断提高的。

多年以后，很多人对徐新的成功仍不觉得意外。一个能用工作日志提高人生境界的人，是会用不断的成功来证明自己的。

情境解析

徐新的汇报工作方式之所以受到领导的欣赏，是因为徐新这种工作日志式的工作报告适应她的领导的工作风格。写工作日志的好处，是能把自己的事情分门别类地排列清楚，让自己清楚自己所做的工作。例如，公司今年的工作重心、领导安排的事情、纳入考核体系的工作、阶段的工作重点，等等。有的人甚至把这些排好优先级别的工作内容贴在自己工位的正上方，时时刻刻提醒自己。宏观上清楚了，就便于把每天的工作计划按小时排好，不仅督促自己高效地完成工作，在向领导汇报工作时也能条理清楚。

由此看来，我们在向领导汇报工作前，要了解以下问题：领导喜欢什么样的沟通方式和形式？领导倾向于什么样的沟通频率？领导喜欢书面沟通还是当面沟通？除此以外，还要了解哪类事情会令领导烦躁。作为一个聪明的下属，一定要懂得用最快的速度适应领导的沟通方式和偏好。

适应上司的沟通方式，是下属首要的软性任务，这一点常常被忽略，其实很重要。向上管理时，你必须知道上司习惯接收信息的方式，这会使你提出的意见更容易被理解，使自己更容易被信任。

每个人的成长环境、价值取向和生活习惯各不相同，所以接收周围信息的方式会各有偏好，有的人偏向通过视觉获取信息，有的人偏向通过听觉获取信息，有的人会受周围环境的影响，有的人则会以自我为中心，很难改变自己的初衷。

　　在汇报工作或讨论问题之前，你首先要考虑采用何种沟通方式。最好的方式就是了解上司的喜好，让他们在愉快的心情下轻松接收我们想表达的信息。

秘诀 5 汇报工作内容要重结果、少过程

在前面我们已经简单地讲过，向上司汇报工作时要先讲结果，再讲过程。在这里会详细地告诉你，高情商的下属，是如何向上司汇报工作内容的。他们深知，在职场上拼的是功劳而不是苦劳。所以，他们是不会告诉上司工作过程多么曲折艰辛，自己多么不容易，他们是以结果为导向，第一时间会告诉上司结果的。至于过程，他们会选择少说或忽略掉。

情境

郭丰供职于某事业单位，他最害怕的事情就是向领导汇报工作。

一次，领导交给郭丰一项任务，让他去总部领取一份急需的文件。郭丰立刻坐公交车去总部，不巧的是，公交车堵车，他十分着急，中途下车又换乘地铁。

当郭丰匆匆忙忙赶到总部时，又碰上了让他更焦虑的事情，保管文件的同事正在参加一个重要的会议。他等了一个多小时，会议才结束。郭丰匆忙找到了保管文件的同事，向他领取领导需要的文件。令郭丰想不到的是，同事将文件落在了家中，第二天才能带回来。

郭丰急得汗水淋漓，他匆匆忙忙跑回公司，硬着头皮向领

导汇报工作："领导，今天真是太不凑巧了，我坐公交车堵在路上，怕耽搁取文件，中途又换乘地铁，到达总部后，赶上保管文件的同事开会，我等了一个多小时。这还不算什么，好不容易等到同事散会后，一问他，他竟然把文件落家了，说明天才能够带回来。领导您看这一上午把我跑得够呛，汗流浃背的。"

正一心等待处理急需文件的领导，听了郭丰一顿啰唆，而且还没有把文件带回来，一下子就生气了，批评他："什么事都做不好，以后真不敢把重要的事情交给你了。"

郭丰听后，心里很憋屈。

情境解析

郭丰挨领导的批评，是因为他汇报工作的方式出了问题。他应该汇报重点，等领导询问时再陈述细节。例如，郭丰可以先这样说："领导，今天文件没能取回，保管文件的同事把文件落家里了。如果文件急需，我联络他，跟他回家去取，您看怎么样？"

简短的几句话就把领导想听到的事情讲了出来。领导听后或许会轻松地说一句"没关系明天再去也无妨"，或者让郭丰直接执行他建议的解决方案。这样，无论领导如何处置，都不会对郭丰发怒的。

在汇报工作时，一定要遵循这个原则：先向领导汇报结果。脾气再好的领导，也不愿意花时间听一个没有把工作做好的下属喋喋不休地讲着无用的过程。最好在领导询问详情时，你再把细节讲出来。千万不能一味地谈细节而忽略了重点，这样会让领导头昏脑涨的。

　　重结果，少细节，这是节省领导的时间的表现。当领导想知道详情时，我们再告知细节，这样领导会对我们更加信任。

　　领导："小李，昨天你和那个客户联系得怎么样了？"

　　小李："领导，我打了两次电话没人接。我今天有几个意向更明确的客户需要跟进一下，我下班前再联系那个客户，您看怎么样？"

　　领导："知道了，你按照你的工作进度跟进就行。"

　　我们从领导的这句话中就能看出，领导对小李的工作汇报还是很满意的。领导无法对下属的工作事必躬亲，只是想知道一个结果而已。所以，我们在汇报工作时，只有遵循重结果、少细节这个原则，才能节约领导的时间，让他放心地把后面的工作交给你来做。

秘诀 6 向上司汇报工作的频率取决于企业文化

汇报工作的频率是很多员工头疼的事情，因为如果你汇报工作次数多了，英明的上司会觉得你天天没事就知道往上司办公室跑，怀疑你的工作效率低下；如果你汇报工作的次数少了，上司同样会怀疑你的能力，认为你每天都在混日子，从来不汇报工作，心里会觉得你是不靠谱的下属，早晚会批评你的。

高情商的下属正确的做法是，上司交代一件事后，你就要汇报你这件事想怎么干，得到上司确认后，再去安排工作。如果时间较长，中间也要汇报；最后工作完成，再向上司汇报工作结果。这样能照顾好上司的情绪，就不会让上司对这件事有一种失去控制的感觉了。

情境

王源和张青在大学毕业后同时进入一家国企。他们两人的专业知识都很扎实，工作也很勤奋，业务能力不相上下，都取得了不错的工作业绩。

奇怪的是，半年后，王源升任业务主管，而张青仍然默默无闻。一年后，王源又升任部门经理，业绩不断提升的张青依然没有任何升迁。为此，公司的员工私下里议论，都为张青抱不平，甚至有人说："张青为公司做出的业绩比王源还多，可是公司总是提拔王源，说不定王源是老板的亲戚呢。"

有人把这话告诉了老板，老板听了说："公司里的同事都不是我的亲戚。"

对方奇怪地问："可是王源和张青的能力都很强，您为什么只提升王源而不提升张青呢？"

老板说："你说得没有错，他们的能力都很强，可是王源的工作方式更让我放心。不管做什么工作，王源都能够主动和我交流，他提的建议、做的方案，在我看来非常可行，把任何工作交给他，我都非常放心。你们也看到了，王源不但业务做得好，在管理方面也是很棒的。"

原来，王源和张青的公司有一条不成文的规定，就是下属要多向领导汇报工作，方便领导随时知晓下属的工作进度。在工作中，和领导多沟通、和同事多交流，显然已经成为该公司的企业文化。

而张青虽然和王源的业务能力一样棒，但他很少主动向领导汇报工作，也不爱和同事交流，每天只知道埋头工作。

王源却不一样，他懂得汇报工作的重要性，会定期向上司汇报工作。每次出去谈项目，都会在结束后的第一时间把情况报告给自己的领导，遇到特殊情况、临时有变时，他也总是先请示领导有什么样的意见和想法后再做决定。每次出差在外也会报告工作情况，回公司的第一件事是先向上司做汇报。这样一来，领导自然对他很放心，也愿意安排给他一些重要的项目和外出任务。

如此，王源就掌握了很多资源，建立了广泛的人际关系，取得了更好的业绩，在公司的地位和影响也就越来越大，不断晋升也就水到渠成了。

情境解析

有人说，工作其实就是和领导搞好关系，领导掌握着你的职场"命脉"，这话有一定的道理。我们周围的很多事例证明，深得领导信任的员工，并不都是业务能力最强的人，但领导就愿意提拔他。其实，和领导搞好关系最直接的方式，就是正确地汇报工作。

一般情况下，下属每日汇报还是每周汇报，并无定论，取决于你的领导及企业文化。进入一家公司，我们要先观察自己的领导和企业文化，然后再遵循相应的汇报频率。

世界知名的咨询公司麦肯锡推崇一种"一分钟汇报"的方式，因为咨询师都很忙碌，经常四处出差，有时候他们会偶尔在电梯中遇到自己的领导，乘坐电梯的时间最多一分钟，他们需要在一分钟内汇报完近期跟进的项目状况。一个高效的"一分钟汇报"就是把要汇报的信息进行结构化，自上而下、先总后分地进行结构化表达。

由此可见，"汇报工作"并不像我们想象得那样简单，想什么时候汇报就什么时候汇报，而是要遵循企业文化。

有的企业领导希望下属多汇报工作，这样才能放心。追随松下幸之助 30 多年的江口克彦在《我在松下三十年：上司的哲学下属的哲学》中曾经专门谈到这个问题。他认为："对于上司来说，最心焦的就是无法掌握各项工作的进度……如果没有得到反馈，以后就不会再把重要的工作交给这样的下属了。所以要知道，虽然只是一个简单的汇报，但能让你得到上司的肯定。"

　　《哈佛学不到》的作者马克·麦克科迈课说得更为直接："谁经常向我汇报工作，谁就在努力工作。相反，谁经常不汇报工作，谁就没有努力工作。这也许不公正，但是你说老板又能根据别的什么情况来判断你是否在努力工作呢？"

　　可惜的是，我们很多人不愿意向领导汇报工作，要么像案例中的张青那样只顾埋头工作，不知道汇报的重要性，甚至不清楚自己应当汇报什么，以及如何汇报；要么自己的工作没有做好，最后出现一大堆问题，不敢面对领导……无论你属于哪种情况，你这么做都会让领导不放心把工作交给你。一旦领导对我们产生信任危机时，我们职业生涯的"路"也就走到头了。

　　知道了这个道理，你在进入一家公司工作时，一定要先深入地了解公司文化和领导的工作方式，这样你才能正确地向领导汇报工作，取得领导的信任。

秘诀 7　向上司汇报工作时，尽量提出解决问题的建议

　　作为下属，工作的流程都是发现问题、提出问题、解决问题。当然，有时你发现问题并不一定能同时提出解决问题的建议，在这种情况下，你要多向相关的同事请教，力争提出能够解决问题的建议。这样你才能做到向上司汇报工作时，能提出解决问题的建议。即使你提出的建议不能被上司采纳，也可以对上司起到提示、启发的作用，有利于解决问题。

情境

　　杨宁和孟山是同一家公司的顾问，他们先后向领导汇报了工作进度。

　　杨宁说："我这段时间采访了公司的高管，调研了主要竞争对手，也研究了我们公司的组织架构，发现我们公司的组织架构冗余。例如，各工厂间研发的资源重复配置，导致它们之间的产品同质化、恶性竞争。解决这些问题，在短时间内很难做到。"

　　孟山说："正如您所知，行业面临严重的产能过剩。我们公司要继续发展，优化资源配置、淘汰落后产能、开发高端产品是成功的关键。然而，由于目前我们公司的组织架构冗余，如各工厂间研发的资源重复配置，导致内部恶性竞争（×× 与 ×× 两家工厂已在互相压价）；同时，资源分散导致高端产品的开发能力弱（高端产品占比是 ××，而竞争对手的占比是 ××），只能在中低端产品上打价格战。因此，我建议将 ×× 与 ×× 资源集中到总部来应对这些问题，实现继续发展，且这样做，可以节省 10% 的人力成本。"

情境解析

假设你是孟山和杨宁的领导，在听到他们的工作汇报后，相信你更赞成、认同孟山的汇报方式。虽然他们分别对公司进行了管理体系的诊断，且结论都是一样的（组织架构冗余、资源重复配置），但孟山提出了解决问题的建议。

在工作中，一些员工在向领导汇报工作时，自己对情况都还不清楚，就匆匆忙忙地去找领导，态度倒是挺积极，但领导一问："为什么会发生啊？你提这个建议的依据是什么？"他却回答不上来，或者是一问三不知；或只知其一，不知其二；或一问就说，一说就错。原因就是没有做好充分的准备工作。准备工作如图 3-3 所示。

不要汇报了半天，也没提出解决问题的办法和建议，让领导不知道你想干什么，这种情况在工作中不是没有的。我们把这些因素都考虑周全了，怎么去对领导说都想好了，对领导可能问的问题都有准备了，再去汇报，就不会有问题了。

向领导汇报工作，最重要的是提出解决问题的方案而不是简单地提出问题。要记住，汇报问题的实质是求得领导对你的方案的批准，而不是问领导如何解决这个问题，否则事事让领导拿主意，你的存在还有什么价值呢？

要做好充分的准备和资料的收集，以便领导能及时了解情况

对于发生的问题，你首先要想好几个解决方案，供领导选择，因为领导没有很多时间帮你解决问题

不必事事汇报，也许这说明你工作很认真、负责，但不分主次会引起反面影响

在汇报工作时，要关注领导的神情，一旦发现不对，就马上结束汇报

图 3-3　向领导汇报工作时要做的准备工作

PART

04

8 个典型汇报工作难题解答

古人云，伴君如伴虎。这句话也很适合职场。上司作为你的领导，是直接给你分配工作的人，也是能够直接决定你的去留的人，加之上司又都是好面子的人，你在与他们相处时，必须小心谨慎！

本章解答的 8 个汇报工作中的难题，能有效地帮你正确地处理和上司的关系。

难题 1　如何向上司提反对意见

　　很多人工作了多年，工作能力也不错，但总是得不到升职加薪的机会。原因或许有很多，我认为最重要的是员工不但要尽心尽力当一个好下属、好员工，还要顾忌到上司的感受，特别是在员工对上司提出的决策有意见时，一定要学会巧妙地向上司提出自己的建议。要尽量做到既能够表达自己的意思，又能让上司信服。

～～～～～～～～～　**情境**　～～～～～～～～～

　　我有一个学员，是公司的技术主管，他专业能力很棒，带领着部门同事为公司做出过很高的业绩。一个月前，他带领的部门加班，成功地完成了公司的一个重点项目，荣获公司的"先进小组"称号。

　　按照惯例，他们部门每个员工还会得到一笔数目不小的奖金。就在大家高高兴兴地等着领这笔奖金时，上司决定，把奖金换成写着他们名字的奖杯放在公司大厅，想以此激励其他员工。

　　他和同事都不同意，相比于精神奖励，物质奖励更有吸引力。他们虽然不满上司的决策，但是又不好意思直接提反对意见。就在他们纠结之时，上司找他商量奖励一事。

　　上司问他："用你们部门的精神激励公司的其他人，我这个主意不错吧？"

他回答："一个优秀的公司的发展离不开领导的决策，而激励员工的是领导的人格魅力。不瞒您说，我们公司发展这么快，是大家认可您的人格魅力，这么多年以来，您说到做到，奖罚分明。我们部门能多次做出业绩，跟您能为大家着想有很大的关系，所以，当我们拿到您奖励的那笔奖金时，心里满怀着对公司、对您的感恩之情。感恩公司提供的平台，感恩您让大家得到实惠的奖励。"

上司点点头，说："好的。今天我就让财务把奖金发到大家手上。"

情境解析

如果你对上司的决策不满意时，不能直接反驳，要能够站在上司的角度，试着用真心帮助领导的诚意和语言分析问题，提出解决问题的方法，而不是为了个人的利益而争夺。在这种情况下，你的建议往往会更容易被接受。身为上司，他的眼界要比一般人高，领悟能力也比较强，他是不会做对自己不利的事情的，所以，上司会对你的意见做出更全面的考虑的。

我的学员成功说服上司的原因有以下三点。

第一点：他没有直接否定上司。

站在上司的角度，用奖杯激励全体员工，没有不妥。但我的学员更了解同事的需求，就是大家认为精神奖励重要，物质奖励更重要。如何回答上司的这个两难的问题呢？同意，不符合自己和部门同事的意思；不同意，会让上司感到难堪。所以，我的学员没有直接回答领导的问题，而是跳出了原有问题的框架。

第二点：他直接向上司讲了道理。

让上司接受自己的意见，就得让上司有选择权，既显示自己的高明，又不侵犯上司的决策权。在这种场景下，我的学员不能直接拿出具体方案，这样会侵犯上司的决策权，于是就讲了决策的道理，而没有讲具体的方案，让上司自己按照道理做出决策。让其自己做出判断。

第三点：他没有直接表明同事要奖金。

我的学员没有直接表明同事要奖金这样的方案，他们之所以得到奖金，是因为我的学员争取的结果。如果直接表明要奖金，员工只会感激我的学员，而不是感激上司。

奖励这样的事情，一定要让上司自己做，让上司把好人做到底。

在职场上，有很多人害怕向上司提反对意见。其实，只要你掌握了巧妙地向上司提反对意见的方法，你同样可以让领导对你心悦诚服。下面，就为你提供几种方法。

方法 1 ▶ 引导上司自己得出结论

高明的员工在向上司讲自己的观点时，从来不会直接陈述观点，因为他们知道每个人的决定都是经过深思熟虑的，所以是不会轻易被说服的。戴尔·卡耐基曾经说过："如果你仅仅提出建议，而让别人自己去得出结论，让他觉得这个想法是他自己的，这样不更聪明吗？"所以，在发现上司的决定或决策有错误时，你最好用征询意见的方式，向上司讲明其决策、意见本身与实际情况不符的根据，使上司参考你所提出的建议，让他自己得出正确的结论。

方法2 ▶ 先赞扬上司，再讲你的建议

一本书中写道："批评之前，你最好先以表扬铺路。"切记，再好的人也不愿意被人指责做错了事，为此，你应先找出上司的某些优点予以表扬。例如，先肯定上司的决策、意见中合理的部分，然后再有策略地否定上司的决策、意见中不合理的部分，或者先肯定动机是好的，后指出事情的结果不好，这样容易引起上司的深思和警觉，促使上司去改善。

一个有效的方法是仅仅提出建议，提供资料，而最后的结论，留给上司自己来得出。这比硬让上司接受自己的意见，效果要好上百倍。

方法3 ▶ 根据上司的短板和目标提议

我们要清楚，上司也会被自己的上司施加压力，有自己的目标和短板。这一点需要我们理解上司，这样你在提建设性意见时，能让上司更加赏识和信任你。

职场人士犯得最多的错误就是，一想到一个好建议，就向上司汇报。这种匆忙汇报即使意见不错，如果在上司不关心的范围内，被采纳的概率基本为零。所以，你要清楚上司在意的点，结合实际情况，提出既有用又能让他"受用"的建议。

例如：上司正为写不好营销文案发愁，你若提出"如何让广告文字吸引人""如何针对顾客痛点做文章"等建设性意见，即便暂时不被采纳，他也会觉得你是个用心、认真的好员工。

最后要提醒的是，无论你的意见是否正确，在向上司提反对意见时，尽可能地不要在公众场合提出来，如在会议上或是有第三者在场。因为要照顾到上司的面子。

难题 2　如何拒绝上司不合理的要求

　　金庸大师的武侠小说里活得很漂亮的主角，通常并不是武功最高的，而是武功一般，但很机智聪明的人，如段誉、黄蓉、赵敏；或是武功高并很机智的人，如乔峰、杨过等。

　　职场就像江湖，既拼工作能力（武功）又拼智慧（高情商）。这样才能够在职场上长久立足。公司像一个大家庭，事情很多。

　　对上司额外分派的工作，如果是重要的工作，说明上级信任和看重你，能做就尽量多做，这是价值的体现；如果安排的工作太多，几乎一刻停不下来，你将会很辛苦，甚至要加班到第二天，这时就要考虑拒绝一些工作；如果是一些杂事，别人都不做，只安排你做，你将会费力不讨好。

情境

　　刚毕业的肖梅在一家私营公司担任董事长助理，她对工作认真负责，加之工作能力强，深得董事长的信任。在日常工作中，董事长总是把各种工作交给肖梅来做。

　　时间长了，肖梅发现董事长让她做的工作已经让她难以承受，她经常加班到很晚，有时还把工作带回家。为此，肖梅感到很苦恼，虽然是董事长的助理，但是很多工作原本是有人专门负责的，现在却都成了自己的工作了。

一次，董事长对肖梅说："肖梅，我看到业务部门新来的员工没有电脑，你下午抽时间帮着买一台吧。"

肖梅自知业务部有分管的主管负责这些事情，她去了反而不方便，就回答道："董事长，我现在正在整理您要用的演讲稿，明天上午您要用，如果今天下班前整不完，会影响您明天上午的会议。"

董事长一听，说道："那个演讲稿很重要，你专心写吧，买电脑的事情我找业务主管。"

从那以后，只要董事长指派肖梅做其他部门不属于她的工作时，她就"拒绝"。渐渐地，董事长不再让肖梅承担她工作范围外的事情了。

情境解析

肖梅的做法堪称高明。她的回答既拒绝了上司的不合理要求，又能让大家各司其职，可谓是两全其美。但要提醒的是，不要当着其他同事的面对上司说"不"。

要记住，每个人的职位是公司根据工种分配的，可以说是大家都在做自己擅长的事情，互不干扰最好了。如果上司让我们越俎代庖，同事非但不感激，反而会觉得我们干涉了对方的工作，令我们费力不讨好。当遇到上司交代自己职责范围之外的工作时，应该如何拒绝，又不引起上司的反感呢？以下是我提供的几种方法。

方法1 ▶ 站在上司的角度换位思考

如果你对上司的安排原因不是很确定，对自己说"不"的后果也不是很确定，你不妨站在上司的角度来思考："我如果安排一个员工做额外的工作，是什么原因呢？是因为他的工作能力强，还是想让他经受一些压力和考验？"

如果你想不明白，就要在平时多和领导沟通，以免误会上司。如果是上司单纯地就是想让你多干活，你也不要先拒绝，而是想好拒绝的方法。先想一下："如果我是上司，下属说什么话拒绝我，我更容易接受呢？"

你一定要记住，不管上司安排你做什么事情，他都是有动机的，你只有弄清楚原因，才能想出更好的对策。

方法 2 ▶ 移花接木法

即便你觉得上司的工作安排不太合理，也不要立刻否定他的安排，而是要先答应下来，但是要留给自己余地。如你可以这样回答："谢谢您对我的信任，不过这项任务对我们部门特别重要，我担心若无法胜任会损害公司的利益，所以我想先了解清楚后再给您答复。"

当你表明自己的想法时，既认可了上司的决定，又给了自己更多思考时间，更重要的是，还能引导上司考虑其他合适的人来做这件事。

方法 3 ▶ 找出解决的方法

面对上司安排的工作，你觉得超出了你的工作范畴导致自己难以胜任，就可以向上司如实讲出来。你可以先向上司讲明你无法胜任的原因，再推荐能胜任的人选，当然，不用讲出胜任者的名字，而是向上司指出方向。

例如，你可以这样说："我分析后发现，这件事让专业的人来做，效果远比让我这个外行人做要好得多。"这样上司会更容易接受。他要么是给你换其他的任务，要么就是给你调配更多的资源。什么事情，一旦得到上司的支持和配合，再难也会解决的。

方法 4 ▶ 主动要求上司配合

如果上司确实是迫不得已才把大量工作交给你时，你不能硬扛，而是主动请求上司帮你定出先后次序。你这么做的目的是让上司清楚你目前的困境。例如，你可以说："我手头有3个文案在写，加上您现在这个，一共4个，您看我先做哪一个合适呢？"

听了你的话，上司不但懂得你的言外之意，还能体会到你对工作的负责和认真，就会把一些细枝末节的工作交给别人处理，你的任务自然就不那么重了。总之，你要明白，在工作中，上司对你的任何安排都是出于工作需要，没有任何私心，只要你把话说到位，上司会积极配合的。

难题 3　如何在汇报工作时适度地显示自己的功劳

戴尔·卡耐基说过，每个人都对自己感兴趣。懂了这句话，在向上司汇报工作时，就要处处以上司的感受为主。哪怕你真的在一个项目中立下了汗马功劳，也不要在上司面前大肆渲染或是过分夸大你的功劳。在你的"赫赫战功"面前，虽然上司也为你高兴，表面上不会对你张扬地标榜自己不满，但心里会觉得你这个人沉不住气、不够成熟。

那么，如何在自己付出心血和汗水后，在上司面前讲自己的"功劳"呢？下面这个案例可能会给你一些帮助。

情境

我的一位学员，做业务 5 年了，谈判能力很强，是公司里的销售骨干，可是上司一直不提拔他，而是让业务能力远远不如他的同事当了他的部门总监。这让他非常气愤，多次为此事找上司理论，上司就安抚他："你的事情我记着呢，一有了机会就提拔你。"

他说，上司这话在他工作的第一年就给他说过，这 5 年当中，有过不下 3 次他可以升迁的机会，都是快要向部门公布时泡汤了。他甚至有过想辞职或是跳槽的打算，可一想到自己所在的公司在业内算是规模最大的，待遇也不错，他只好耐着性子继续待在公司。只不过，每次他一签到大单或是谈了大客户，他就会跑到上司那里得意忘形地汇报工作，以显示他的能耐。

上司总是笑着夸他能力强、很棒等，让他听了很受用。

他问我："难道我的上司讲的话都是奉承我的？否则，既然认可我，为何不提拔我？"

我问他："你说很多能力不如你的同事都提升了，你有没有见过这些同事向上司汇报工作啊？"

他毫不犹豫地说："见过啊，他们能力没有我强，每次汇报工作，在上司面前小心谨慎。有时候他们好不容易签一个单子，在上司面前不断地讲着此次签单的辛苦和历经的周折，还要感谢上司平时对他们的影响和鼓励，感谢同事帮忙打印合同……听着就太假、太俗套了。本来业务都是独立的项目，基本一个人完成的。"

我问他："如果你是上司，有像你和你的同事这样的下属向你汇报工作，一个不停地炫耀自己如何厉害，把功劳都占了；另一个则把功劳先分给上司，再给同事，只在开始强调自己辛苦的过程。你会喜欢哪位下属？"

他不好意思地笑了笑："经您这样一说，看来是我的问题了。可是说句真心话，这功劳的确是我的啊！"

我说："这就需要你在工作中适度地显示自己的功劳了。就像你的同事那样，别看他把功劳都分了出去，唯独没有自己的，但明白人一听就听出来是他的功劳最大。你的同事聪明就聪明在把功劳适度地表现了出来。"

情境解析

　　所谓适度，其实就是拿捏好分寸，前面我讲过，但没有像这一节写得详细。我的学员的同事能够在业务能力差的情况下，把汇报工作做得令上司如此满意。在上司眼里，这可不是会汇报工作、流于俗套，而是他综合能力的体现：他当着上司的面感谢上司，让上司感动；当着上司的面感谢同事，不担心同事不知道，上司迟早会告诉他们的。

　　应该说，我的学员的这位同事，成为业务精英，只是时间问题。因为，一个能够在"功劳"面前，依然还在照顾上司的感受并且让上司感动的人，自然在谈客户时也会感动客户的。这样的下属才是真正的精英人才，换作我，我也会提拔他。

　　我周围有许多人，总觉得在工作中工作能力强就完事大吉了，觉得只要有成绩，加薪升职就手到擒来了，那你就没有真正搞懂向上管理的真谛。真正的职场精英就是既要把工作做得出色，又要会适度地表功。他们在向上司汇报工作时，会不着痕迹地强调一切都是自我努力的成果，这是自己好不容易才立下的功劳，要将这些功劳变成自己的，但表面上却不会让对方听出来。总之，就是要适度地把自己的功劳表现出来。

难题 4　如何向能力弱的上司汇报工作

有许多学员在我的微信公众号后台留言，说他们的上司无论是业务能力，还是管理能力，都比较弱，每次跟上司相处，都会令他们头疼。

"感觉上司什么都不懂，听不明白我说的话。"一位学员吐槽说，"我现在是能不汇报工作就不汇报了，有时上司开部门大会，他那些话，讲了前句，我就能猜出他后面的话。"

看了学员的留言，我都会认真地对他们重复一句老生常谈的话："上司在你眼里再不好，他却能够成为你的上司，说明还是有过你之处的。作为下属，你要做的就是要无条件地给予配合。"

我前面讲到过，上司是组织选的，无论你喜不喜欢，你都要接受并肯定上司，同时让上司喜欢你——假如你想让自己在事业中一帆风顺。

但是，如果你的上司真的能力很弱，那么该如何汇报工作呢？

情境

王哲就职于一家私营企业，他的上司是董事长的亲戚，可以说对工作流程一窍不通，本人还极爱面子，对王哲他们这些下属指手画脚的。这令大家很纠结，不听吧，他是上司；听他的吧，有可能把工作搞砸了，最后罪名还得让大家来担。

部门里几个直性子的同事忍受不了，愤而辞职了。起初，王哲也有过离职的打算了，后来发生的一件事让王哲下决心留了下来。

一次，王哲到上司办公室汇报工作，进门前，发现上司在看一本书。王哲无意中瞟了一眼，心里一惊，上司在看一本管理的书。

"看来上司并不是有意为难我们的。"王哲心里这么一想，在向上司汇报工作时，一改往日那种面无表情、机器人似的汇报方式，而是用向上司请求的语气来汇报，同时，王哲不时地停顿一下，观察上司的表情。

果然，在王哲用热情并带有尊重的语调讲述工作的过程中，上司脸上先是掠过一丝惊喜，接着脸上浮现了笑意。

"单总，在管理这方面您是内行，我必须听您的，您看我接下来如何跟同事合作完成这个项目呢？"王哲没有像以前那样直接让上司为他增派人手，而是征询意见，把决定权完全交给上司。这样一来，上司就会郑重地对待他这个问题。

上司没有立刻做决定，只是问他："这个，我一时还真没办法做决定，得好好考虑一下，你能等我几天吗？"

王哲心里一喜，上司能这样答复自己，说明他重视这件事了。连忙说："单总，您平时工作太忙了，对工作又极度负责，您能在这周五下午定下来，我就太高兴了。您时间少，随时叫我商量都行。"

第二天一早，上司就把王哲叫到办公室，一起研究定下了参与这个项目的同事。

从那以后，王哲跟上司的相处非常和谐。两年后，在上司的推荐下，王哲升了职。

情境解析

上例中王哲能够与比自己能力弱的上司和睦相处并升职，是因为他善于观察上司的优点。在王哲看来，虽然上司综合能力差，但上司比较上进。于是，在跟上司沟通时，王哲尊重上司，并且会刻意暗示上司来找他商量此事。从这点来看，王哲在向上司汇报工作前，就想好了处理工作的对策，只不过通过上司的参与得以解决，这样既能让上司觉得是自己在帮下属，又让王哲顺利地完成了工作。可以说是一举两得。

由此看来，当你在职场中遇到能力弱的上司时，可以按以下对策来实现向上管理，见图4-1。

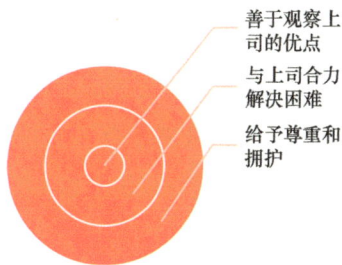

善于观察上司的优点
与上司合力解决困难
给予尊重和拥护

图 4-1　遇到能力弱的上司，可采取的向上管理的对策

对策 1 ▶

我们无论是工作还是为人处事，看人一定要看其优点。上司也一样，他既然在其位，必有其优点。这需要你善于观察，摸清上司的性格，针对其优点来给予点拨。任何人都不会拒绝一个真

正懂自己优点并不时地夸奖自己的人的。你在多次深入地跟上司沟通后，跟上司的关系会慢慢加深，这样你们处起来就会顺利很多。

对策 2 ▶ 与上司合力解决困难

　　既然你在上司手下做事情，那么你们就是一个船上的人。可以说一荣俱荣。你能力再强，也不要喧宾夺主：要记住上司能力虽然没有你强，但他的身份、地位或是掌控的资源，你都无法与他相比。否则他坐不上那个位置。所以，你可以在和上司搞好关系的基础上，再通过自己的能力合理为上司献策，协助上司把工作做好，来获取上司的赏识和重用，一旦获得上司的重用，你的好日子也很快就能到来的。

对策 3 ▶ 给予尊重和拥护

　　无论你的上司是怎样一个人，都要给予足够的尊重和拥护。你尊重上司，才能获取上司的尊重；你拥护上司，就是在拥护公司。你这么做，早晚会赢得上司的喜欢的。有了上司的大力配合和支持，再加上你的工作能力，那么你将在职场上如鱼得水。

难题 5 如何在上司"出丑"时汇报工作

对每个人来说，爱面子是自尊心的体现。我们都好面子，上司作为有身份、有地位的人，对面子的问题更重视。那些深受上司赏识和重用的下属，其高明之处，就是不管在什么时候，都能用自己的机智来维护上司的面子。

～～～～～～～～～ **情境** ～～～～～～～～～

小苏是董事长助理，虽然才干了半年，却屡次被董事长点名表扬。甚至还多次向公关部门负责人提议，让负责人多带带小苏，说以小苏的能力，干公关一点儿问题都没有。

同事觉得很奇怪，因为公司公关部门招聘要求极严，学历最低是本科，英语最低也要六级，而小苏仅是一个大专生。大家私下里议论，觉得小苏可能是董事长的亲戚。但从招聘规则来看，小苏又不像董事长的亲戚。

那么，小苏为什么会在短时内就获取了董事长的认可呢？原因就是小苏能机智地维护董事长的面子。

一次，董事长临时决定部门负责人开会，因为时间太匆忙，他左嘴角沾着一片茶叶叶子。当时，全公司20多名负责人都已经在会客室等待。小苏看到坐在台上的董事长准备讲话了。他明白此时若直接站出来指出董事长的茶叶问题就会让董事长尴尬。于是，他以给董事长倒茶为借口，走到台上，一边用自己的身体掩护住董事长，一边向董事长使了一个眼色。董事长会意，立刻擦掉了嘴角的茶叶。

还有一次，董事长到外地参加一个会议，临上场前他想起把演讲稿忘在家里了，陪同的小苏立刻从自己包里拿出备用的演讲稿给了董事长。

原来，小苏深知董事长工作忙，容易丢东西。无论是外出，还是在公司，他都会给董事长打印一份备用的资料，每次都能让董事长在关键时刻派上用场。

情境解析

不仅仅是上司，就是我们普通人，遇到尴尬时能帮我们及时解围的人，都会被感激的。这就是为什么小苏深受董事长赏识的原因了。相信长此以往，小苏很快就能够得到提升的。

其实，对于避免上司"出丑"这个问题，做法有很多。你可以根据上司的性格来不同对待，做法也是因人而异的。例如，你的上司如果是一个大胆而且开放的人，那么你可以简单地向他提出来。有的上司会欣赏正直、敢于说实话的下属。但是，在为上司解围之前，你要先考虑一下你和上司的关系，是否是那种想说就能说的关系，同时还要看一下场合。

难题 6 如何向爱打小报告的上司汇报工作

在向上管理中，还有一件令下属纠结的事情，那就是碰到一些爱打小报的上司时怎么相处？下面我把一位学员的案例讲出来，供大家借鉴。

情境

我的学员张颖所在的部门主管，特别爱向老板打小报告。

有员工迟到了，哪怕只迟到3分钟，这个主管就偷偷地告诉老板，因为她们公司没有打卡，还停留在用笔记考勤阶段，虽说公司有规定迟到5分钟不计算，但主管的小报告经常会夸大成5分钟；有员工在上班期间打电话时间久了一点，主管也要报告给老板；有员工上班时间吃零食，或是说悄悄话等，都会被主管添油加醋地报告给老板。

张颖是一个大大咧咧的人，所以总是被主管抓到"小尾巴"，这令她非常苦恼。虽然她犯的都是一些小错，但到了主管嘴里就是大错，为此，她多次与主管发生冲突。

一次，在外地出差的张颖接到一个大客户的电话，对方想要一大批货，付全款，想让张颖在价格上优惠一些。张颖就按公司的制度给了优惠，同时打电话给主管，让主管安排人发货。果然，本来就对张颖不满的主管，看到张颖又接这么一个大单，自是不愿意配合的，就在打电话时提各种要求，张颖就把主管的话录了音。

这边客户急着要货，那边主管拒不配合，张颖不忍心让公司丢掉大客户，就让一位关系要好的同事出面，帮助发了货。

随着主管打小报告的变本加厉，张颖和几位同事就联合起来，把主管的所作所为记录下来，又拍了照片或录下语音作为证据。他们在工作总结中提业绩不能提升时，她和几位同事写了一封匿名信，把信及所有证据私下发给公司老板。老板此时才意识到事情的严重性，理解了张颖他们，此后主管再打小报告时，老板心知肚明，非但没有配合主管批评张颖他们，反而旁敲侧击地劝主管要体谅下属，并向主管提出了很多要求。

此后，主管再也没有向老板打过小报告。

面对爱打小报告的上司，除了上面的方法外，我再为大家提供几种方法。

方法 1 ▸ 在工作中严格要求自己

俗话说，苍蝇不叮无缝的蛋。在公司内要时刻注意自己的言行举止，不向任何人抱怨工作，也不和同事议论公司的主管，工作时就以工作为主，要谈也谈工作的事情。那些爱打小报告的上司会时不时来个突击检查。当你在平时严格要求自己并端正自身言行举止时，上司就没有了抓你把柄的机会。

方法 2 ▸ 提升工作能力

争做优秀的员工。人在职场，必须有超强的工作能力。所以，你在工作中要时刻保持良好的情绪，人在心情愉悦时工作效率也高。而且当你工作专注时，上司再怎么监视，都挑不出你的毛病。当你的业绩越来越好时，即使你有一点儿小毛病，公司也不会因此把你辞退。任何公司需要的是优秀员工，而不是完美的员工。所以，做好本职工作、提高工作能力有助于你立足职场。

方法 3 ▶ 努力做到更好

人无完人，但我们可以做到更好。在平时工作中，多反省自己有没有什么让上司看不顺眼的缺点，一旦找到就立刻改掉。除此以外，对上司一定要尊重，多跟上司沟通，发现自己身上的不足之处并改正。相信再吹毛求疵的上司，也不会为难一个谦虚上进的下属的。

方法 4 ▶ 寻找机会和上司交流

常言说，人与人之间，没有无缘无故的爱，也没有无缘无故的恨，所以上司爱打你的小报告，如果你觉得真的没有冒犯上司，那一定是你们之间有误会。你可以尝试和上司多交流。例如，在你单独向上司汇报工作时，或是有机会和上司一起外出时，你可以用礼貌客气的语气问上司："您是我的领导，您的经验、阅历都比我多，如果您对我有什么不满，一定提出来，我尽全力改掉。"

方法 5 ▶ 与同事建立同盟

如果你觉得实在找不到自己哪里得罪了上司，或者上司本人就是一个爱打小报告的人。那么他就不会只打你一个人的小报告。这时你要注意与同事搞好关系，分析原因，然后借助大家的支持向上司提出你的不满。当然了，这就需要你平时多和同事亲切、友善地相处，让同事看到一个真实上进又开朗的你，这样一来，同事就会觉得上司嘴里的你，和真实的你不相符，从而愿意帮助你。一旦上司在组织那里乱打你的小报告时，你就主动先告知身边同事事实的真相，以在需要的时候揭发上司的阴谋来保护自己。

方法6 ▸ 适当地妥协

　　作为下属，和自己的直接上司对着干，一般都不会有好结果。所以最好主动尝试向上司妥协。你要主动向上司示好、表现出愿意拉近双方关系的意愿，力求取得上司的信任，尽全力达成和平关系。一定要记住，遇到爱打小报告的上司时，不能一味地受对方控制与摆布，多想办法找原因，万不得已时搜集对方的把柄，然后选择恰当的时机展示给对方，告诉他你的底线，这样他就会有所收敛。

方法7 ▸ 保持平静的心态

　　无论上司如何为难你，你都不要冲动，而是要保持平静的心态，毕竟是对方在无中生有的打压你，你是清白无辜的，做贼心虚的是对方而不是你。让自己拥有理智的情绪和平静的心态，这样在上司对你发难时，你就能够有理有据、条理清楚地来反驳对方了。冷静的头脑和理智的情绪，不但不会让你做出格的事情，还会让你在关键时刻找到对策及应对方案。

难题 7　如何向情绪失控的上司汇报工作

在职场中，还有一种让下属感到纠结的上司，就是管不住自己的情绪，动不动就发火，让下属一提到跟他汇报工作心里就发怵。其实，这样的上司心眼不坏，就是心智不成熟。跟这种上司相处，需要你掌握技巧。

情境

我的学员小凯在一家大公司就职，他的上司是一个典型的性情中人，前一秒还笑脸满容，后一秒就大声吼叫；刚夸了你工作做得好，一转身你就一无是处，恨不得辞掉你。面对这样一个上司，小凯和同事胆战心惊、惶惶不安。每次他们汇报工作，都进行多次演练。

一次，公司总部下达指令，让小凯所在的分公司赶快招聘60名业务员，由于时间紧，招聘人数多，这可把小凯的上司给急坏了。他担心不能按总部要求顺利完成这项任务，到时候影响自己在上司面前的形象，于是情绪开始失控。

上司风风火火地召开部门会议，在会议上，他几乎咆哮着问大家："你们能完成吗？在不到半个月里招到60名合格的业务员！"

谁都知道，招人是一个艰巨的任务，况且时间这么短，大

家都不敢做出保证。但大家心里又都清楚，因为公司做过人才
储备，只要大家抓紧时间做，还是能够完成这次招聘计划的，
但因为上司脾气古怪，大家都不敢吱声。所以任凭上司在上面
大吼大叫，就是没人回应他。

　　见大家不理他，上司越发生气，就点名让小凯回答。小凯
强作镇静，耐心地提出了两种方案：一种是从公司人才储备库
里寻找；另一种是为了确保招到优秀的业务员，还可以让同事
帮着推荐身边的熟人。

　　接下来的会议氛围变得和谐起来，上司和大家一起，研究
了下一步方案。那次招聘任务最终圆满完成。

情境解析

　　对情绪失控的上司，有很多公司还专门进行过情绪修炼的培
训，但还是有一部分上司容易出现情绪失控的状态，特别是遇到
紧急任务、重大问题等情况。其实他们自己心里也明白，这样做
是不对的，但无法控制自己。

　　那么，作为下属，在遇到情绪失控的上司时该怎么办呢？

　　我认为，一定要让自己保持冷静，然后再把具体的方案有理
有节地讲出来。虽然面对情绪失控的上司时，我们心里难免会有
不安情绪，甚至对上司不满，但是，你仔细想一下，上司为什么
会担心你做不好呢？他为什么会发脾气呢？

　　归根结底，还是因为上司对任务是否完成还没有把握，他根
据以往的经验预计完成难度是相当大的，所以上司才会出现情绪
失控。下属这个时候最需要做的是在上司说完之后，冷静地拿出
详细而让人放心的方案和方法，让上司安心，减少上司的担心和

压力。这样上司的情绪会得到很好的控制。

总之，身为下属，在面对情绪不稳定的上司时，无论在什么情况下，都要做到两点：一是对上司讲的事情，对事不对人，冷静地分析问题，寻求解决方案；二是不被上司的情绪所影响，放平心态，明白工作就是替上司解决一个又一个的麻烦。如果工作中没有麻烦和困难，那么你在公司也就无事可做，没多久就失业了。

职场精英既是会找方法解决问题的高手，又是管理自己情绪的高手！

难题 **8**　如何在汇报工作时纠正上司的错误想法

常言说，人非圣贤，孰能无过。上司不是圣人，也难免在工作中犯错误，特别是当上司向我们布置任务时，他的一些想法一听就是错误的，但上司自己没有意识到。此时，如果我们接受，就是给自己挖坑；如果不接受，就是不服从上司。面对这种情况，如何处理呢？

情境

张凡是公司销售部的总监。他的上司王凌以前是做财务的，在销售方面是外行。

一次，王凌主持公司年会，他先是信心百倍地向大家展望第二年的销售前景，因为不了解销售部门的实际销售工作，所以在为大家画了一个很大的饼后，又定下了来年的销售指标……张凡在听到那个数字时，头一下子就大了。可以说，王凌的这个目标严重地脱离了现实。

张凡的第一反应是阻止王凌继续讲下去，但当着那么多员工的面指出上司的想法是错误的，这是非常不妥的。

张凡接下来的做法非常高明，他先是配合上司的设想，也向同事讲了一些鼓舞士气、冠冕堂皇的话："由于董事长对我们给予高度的信任，才给我们提出了更高的目标和要求，我们必须全力以赴，不辜负公司和董事长寄予的期望，力求把工作做得更好。"

年会结束后，张凡跟随董事长来到办公室，诚恳地对董事长说："王董，您刚才讲的销售目标不是不可能实现，只是在我们公司现阶段情况下，还有一些难度，我们公司的产品有待升级，当然，这需要一个过程，配套的措施还需要适当加强；还有我们销售部门的同事，需要加强培训，进一步提升销售能力。另外，我建议明年咱销售部门再招聘一些销售人员，这样一来可以为部门注入新鲜血液，二来可以和老员工一起进行专业培训。这样实施下去，有望早日实现销售目标。您说是不是？"

董事长听了张凡的详细报告，方才明白自己的销售目标不切实际，就愉快地接受了张凡的建议。

情境解析

张凡能成功地说服上司，是因为他在纠正上司错误时，给出了既合理又切实可行的解决方案。

在工作中，上司跟下属的愿景是一样的，都是为了助推公司能有更好的发展。所以，你有责任指正上司的错误。不过，你在纠正上司的错误时，必须小心谨慎。因为没有人愿意接受别人对自己的否定，特别是当着众人的面来否定自己。作为上司，他们的权威是不容侵犯的，面子更是不能当着下属的面丢的。

纠正上司的错误想法，没有标准答案，要因人而异。假如你的上司是一个爱面子、平时又爱斤斤计较的人，那么当他说错话时，你要学会保持沉默，不要提出异议，否则他会认为你是在挑战他的权威，驳他的面子。如果这些话对你负责的工作没有实质影响，也给公司造不成损失，你大可以揣着糊涂装明白。

另外，在认为上司的想法错误时，你可以假装不懂，带着困惑和不解再询问得详细一些，这样做等于是在提醒上司，让他能够重新调整思路，同时获得挽回错误言论的机会，这相当于给上司一个台阶下：大部分上司都会顺着正确的思路来解释的，而且你的暗示会让他心里更喜欢你，不但觉得你能干活，还会觉得你很会为上司着想，对你大加信任，对你的职业发展能起到帮助。

除此以外，我再总结几种方法。

方法 1 ▶ 用正确的实际行动纠正上司的错误

上司在做一项决策前，通常是经过深思熟虑的，所以一般是不会被下属说服的。特别是当上司刚下达命令时，千万不要顶风直谏，这样非但不能劝住上司，反而会适得其反，激发上司的情绪，所以聪明的下属会先答应下来，然后用正确的行动去做。

这么做的好处有两点：一是好比你做一道验算题，结果是正确的，过程中一旦出现错误，上司会给予调整；二是你在按上司的要求做事情时，他说的对的地方就先去做，当快要出错的时候，你立刻找上司来汇报工作，把难题抛给他，让他来解决。

方法 2 ▶ 采用小心谨慎的方法说服上司

下属在纠正上司时，一定要先维护上司的权威和面子，这样能让你的劝说起到事半功倍的作用。这首先需要你用一颗宽容体谅的心来看待，用及时提醒代替直接指责，就像上例中我的学员张凡那样，选择私下提出而不是当场纠正，这些都能让上司更好地接受你的建议。

方法3 ▸ 站在上司的立场思考问题

你在纠正上司的错误想法前，要清楚你的目的和上司是一致的，都是为了把某一件事情做好。这一点我多次强调过。所以，你要试着站在上司的位置思考问题，这样能让上司明白你表达的愿意跟他的目标一致，更有助于上司明白你的意图。你可以在语言中多用"我们""咱们"。

方法4 ▸ 多向上司提供解决方案

在见上司之前，你必须带着至少一种解决方案纠正上司的错误，最好提供几种方案，并阐明优缺点，提出你倾向的方案。这样既可以帮助上司解决问题，同时还能让你在上司面前展示自己的能力。